Recherches
Historiques, Biographiques & Généalogiques

PAR

Henry de LAGUÉRENNE

Membre honoraire du Conseil héraldique de France, del Collegio Araldico di Roma, de la Société des Sciences Historiques et Archéologiques de la Creuse, de la Société Académique du Centre, de la Société Historique du Cher, de la Société d'Émulation et des Beaux-Arts du Bourbonnais ; Membre-associé de la Société des Antiquaires du Centre.

Les Hugueteau

Ecuyers, Seigneurs de Maurepas, Challié, Gaultret, Brizeau, Saint-Gouard, La Pivardière, etc.

ARMOIRIES :

« D'azur, au chevron d'or, accompagné de trois cigognes de même, ayant des vigilances de sable »

SAINT-AMAND (Cher)

IMPRIMERIE EM. PIVOTEAU & FILS

1904

Recherches

Historiques, Biographiques & Généalogiques

Les Hugueteau

Du même Auteur

Etude sur les vignerons d'Issoudun (Extraite de la *Revue de la Société académique du Centre*); Pivoteau, imp. Saint-Amand (Cher), 1902.

Une Lettre du Cte Brunet de Neuilly (Extraite de la *Revue de la Société académique du Centre*); Pivoteau, imp. Saint-Amand (Cher), 1902.

Lettres de M. Malesherbes (Extraites de la *Revue des Questions héraldiques*), Lafolye frères, édit., Paris, 8, rue Féron; Vannes, place des Lices, 1903.

Notice sur la famille Grozieux de Laguérenne (*Rivista del Collegio araldico di Roma*); Tip. del l'Unione cooperativa editrice, Rome, 1903.

Recherches Historiques, Biographiques et Généalogiques : 1° *Les Gilbert du Deffant*: Pivoteau, imp. Saint-Amand (Cher), 1903.

Recherches
Historiques, Biographiques & Généalogiques

PAR

Henry de LAGUÉRENNE

Membre honoraire du Conseil héraldique de France, del Collegio Araldico di Roma,
de la Société des Sciences Historiques et Archéologiques de la Creuse,
de la Société Académique du Centre, de la Société Historique du Cher,
de la Société d'Émulation et des Beaux-Arts du Bourbonnais ;
Membre-associé de la Société des Antiquaires du Centre.

Les Hugueteau

Ecuyers, Seigneurs de Maurepas, Challié, Gaultret, Brizeau, Saint-Gouard, La Pivardière, etc.

ARMOIRIES :

« D'azur, au chevron d'or, accompagné de trois cigognes de même, ayant des vigilances de sable. »

SAINT-AMAND (CHER)
IMPRIMERIE EM. PIVOTEAU & FILS

1901

Recherches
Historiques, Biographiques & Généalogiques

PAR

Henry de LAGUÉRENNE

Les Hugueteau

Les Hugueteau, écuyers, étaient seigneurs de Maurepas, Brizeau, Bérasse *al.* Bezasse, La Petite Touche de Velluyre, Vigne, La Repoussonnière, Gourville, Challié, Ante, Gaultret, Pibrac, Saint Gouard, La Martinière, Bourgneuf, La Pivardière, La Pinaudière, etc...

Ils ont formé plusieurs branches, dont deux sont parvenues jusqu'à nous : celle des Hugueteau de Challié et celle des Hugueteau de Gaultret.

ARMOIRIES

« D'azur, au chevron d'or, accompagné de trois cigognes de même, ayant des vigilances de sable (*alias :* d'or) (1). » D'après un vieux cachet de famille qui nous a été communiqué par M. le colonel Buffet (2), on trouve aussi : « D'azur, au chevron d'or, accompagné de trois merlettes de même : 2 et 1. » Enfin, à l'armorial général, on trouve attribués à divers membres de cette famille, deux blasons entièrement de fantaisie, savoir : « D'azur à trois croix potencées d'or ; 2 et 1 (3) » et : « Palé d'argent et de gueules de six pièces (4) ».

Cette famille originaire de Saint-Jean-d'Angély est connue depuis 1329. Elle a compté des représentants à Niort, Poitiers, La Rochelle, Fontenay-le Comte, etc... Elle occupa à Niort les premières charges de la municipalité et de la magistrature, donnant de nombreux échevins, des juges de la cour consulaire, un maire, un capitaine de la ville, plusieurs lieutenants, des conseillers du roi, un poète

---

(1) Beauchet-Filleau : Dictionnaire des familles du Poitou. — Nadaud : Nobiliaire du Diocèse et de la Généralité de Limoges. — Comte A. Bonneau : Armorial des maires de Niort. — A. de la Porte : Armorial de la noblesse du Poitou convoquée pour les Etats-Généraux en 1789. — Carré de Busserole : Catalogue général, preuves de noblesse et armoiries des familles nobles du Poitou ; p. 154. — Albert : Armoiries Vendéennes

(2) Gendre de l'amiral de Challié. — Un second cachet provenant de la comtesse de Beaucorps née de Challié, cachet appartenant actuellement à Mme Alfred de Laguérenne, porte sur une face les écussons des de Beaucorps et de Challié accolés : On y voit aussi des merlettes.

(3 Armorial de la Généralité de Poitiers : Election de Niort.

(4) Armorial de la Généralité de Poitiers : Election de Fontenay-le-Comte.

distingué, un contre-amiral, etc . Elle a, dit Carré de Busserolle (1), « comparu à l'assemblée de la noblesse du Poitou en 1789 ».

La branche de Challié fit ses preuves de noblesse devant Chérin le 26 février 1789.

Enfin on trouve sur cette famille, dans la bibliothèque de la ville de Poitiers (section des manuscrits) le mémoire suivant : (2)

« Messieurs Hugueteau père et fils, officiers chargés du ministère public dans la juridiction de l'ordinaire et de la maitrise en la ville de Niort, ont été employés en contrainte pour payement de franfiefs.

Estant issus de race noble, ils ont eu l'honneur de présenter leur requeste à M. l'Intendant de la Généralité ; ils y ont joint leur titre d'annoblissement avec la preuve de leur desendance en ligne directe et sans dérogence.

Ces titres sont un acte d'assemblée de la commune de la ville de Niort du mois de may 1557 (3) qui nomme Jean Hugueteau, échevin, pour maire et capitaine de la ditte ville. Autre acte de nomination du même en 1558. Acte de acceptation par Legrand sénéchal du Poitou, gentilhomme ordinaire du roy, du 30 may 1558 ; prestation de serment du 12 juin 1558.

Actes d'assemblée des mois de décembre 1558 et 6 juin 1559, etc.... qui prouvent l'exercice du dit Hugueteau, parmi ces actes on doit remarquer et distinguer celui du .... (4) 1559, qui délibère touchant la somme de 30 000 livres à fournir au roy pour la solde de 50.000 hommes de pied pour son service. Plusieurs actes des notaires de 1565, 1574, etc.. , qui prouvent l'état dudit Hugueteau et son exercice jusqu'à sa mort de l'office de échevin, condition plus que suffisante pour opérer la noblesse héréditaire au terme des enregistrements des cours touchant les lettres patentes de Louis XI portant ennoblissement de 1461, 1466 et confirmations d'ycelles.

Plus extrait des archives de la ville de Niort qui démontre que en 1580 et 1581, Jean Hugueteau jeune, échevin, fils de Jean Hugueteau annobly, a été nommé pour être maire et est mort échevin.

Un état, liste et rolle qui comprend les noms des échevins de la ville de Niort, celuy de leur veuve, enfans, ensemble le nom de leurs fiefs ; fait en vertu de jugement de messieurs les commissaires nommés par lettres patentes du roy du mois d'octobre 1576 et mars 1580 ; et le jugement de messieurs les commissaires du mois de juillet 1581, pour la vérification des nobles, lequel état, liste et rolle a été dûment vérifié et enrégistré en la chambre du trésor à Paris le 30 avril 1582. Dans cet état Jean Hugueteau père et annobly y est dénommé sous le surnom de seigneur de Maurepas, Jean son fils sous le surnom de Besasse, François son petit fils sous le surnom de Brizeau. Les sieurs Hugueteau ont prouver leur descendance en ligne directe de..... (5) dénomés au dit état soit par contrat des..... (6) extraits baptistaires, mortuaires, testaments, actes d'assemblée de l'hôtel de ville, etc... Ils ont prouvé par ces mêmes actes qu'ils ont toujours pris la qualité de noble et d'avocats en parlement indépendamment des états et offices qu'ils ont exercés.

Ces mêmes actes prouvent que lorsqu'ils ne prenoient pas de qualités qui annonçaient la judicature, ils prenaient celle d'écuyer (extraits mortuaires et baptistaires).

Ils ont aussi produit un arrês du conseil en datte (en blanc) qui décharge des franfiefs, les enfans issus des maires et échevins de la ville de Niort. Ils en ont cités un autre qui se trouve raporté au trésor de la ville de Niort en date du may 1641 qui déclare noble de race les enfans dessandus d'échevins de la ditte ville, etc...

D'après ces pièces et ces principes, ils espèrent obtenir de la justice de Monseigneur l'Intendant d'être renvoyé de la demande en franfiefs, contre eux formée (7) ».

---

(1) J.-X. Carré de Busserole : Preuves de noblesse et armoiries des familles du Poitou ; p. 154.

(2) Bibliothèque de Poitiers : Manuscrits de Dom Fonteneau ; t. LXXXIV, f° 64, 65. — Nous avons respecté l'orthographe plus ou moins fantaisiste de ce document.

(3) Chérin dit : « 1558 ».

(4-5-6) Les petits points remplacent le texte qui manque par suite d'un angle du manuscrit légèrement déchiré.

(7) Ce document nous a été communiqué par M. P. Mourlan, docteur en droit, conservateur adjoint de la Bibliothèque municipale de Poitiers, à l'obligeance de qui nous sommes heureux de rendre hommage.

§ PREMIER

NOMS ISOLÉS

1° HUGUETEAU (Barthomé) est le premier qui nous soit connu. Il devait vivre vers la fin du XIIIe siècle ; car en 1329, il était garde du scel à La Rochelle : ainsi qu'en fait foi une « vente par Ambroise de Jamuin, bourgeois de Saint-Jean-d'Angély, à Jean Nya, dit Guyot, demeurant à La Jarrie, de deux pièces de vignes au grand fief du seigneur de La Jarrie (21 mars 1329) ». Cet acte sur parchemin était, dit M. Musset (1), « scellé originairement du scel pendant par double queue de parchemin, de Barthomé Hugueteau garde du scel de la Rochelle ». Il commence ainsi :

« A tous ceux qui ces présentes verront, nous Barthomé Hugueteau, garde du cel pour la ville de la Rochelle, etc... (2). »

2° HUGUETEAU (N... .), prêtre de Notre-Dame de Niort en 1549.

3° HUGUETEAU (Guillemette) épousa Pierre Chollet : dont elle eut au moins une fille, Elisabeth Chollet, baptisée le 4 décembre 1566 (3).

4° HUGUETEAU (Joseph), procureur au baillage de l'Arsenal de Paris, avocat à Paris, 1624-1625.

5° HUGUETEAU (Renée-Henriette-Joséphine) fut marraine le 29 décembre 1789 de Paul-Victor Ferré.

---

§ II

FILIATION SUIVIE

1° HUGUETEAU (Jean) devait vivre vers le commencement du XVe siècle, il était receveur des tailles, taillons et gabelles à Saint-Jean-d'Angély. Il avait épousé Tiphaine du Tour, *al.* Dutour, *al.* Dufour, ainsi qu'il résulte du « contrat de mariage de Simon Hugueteau, fils de feu Jean Hugueteau et de Thiphaine Dutour *al.* Dufour, avec Jeanne Roussignolle, *al.* Rossignol, fille de Michau Roussignoul et de Pernelle Bessonne demeurant au lieu de Pouzon, paroisse de Saint-Vivien-les-Eglises (4) »

2° HUGUETEAU (Symon) fut d'abord Echevin du corps de ville de Saint-Jean-d'Angély (5). C'est là qu'il épousa en 1res noces, en 1495, Jeanne Rossignol (6) fille de Michau Rossignol et de Pernelle Besson). De cette union naquit : — *a* — Pierre dont nous ignorons s'il naquit des enfants ; — *b* — Guillotte ; — *c* — Bonaven-

(1) G. Musset : Catalogue général des Manuscrits des bibliothèques publiques de France : — La Rochelle, p. 365.
(2) Bibliothèque de la Rochelle : Collection manuscrite A. Bouyer ; recueil 634, f° 2 ; parchemin.
(3) Archives de la Charente-Inférieure : E 2e supplément : liasse 3.
(4) Archives des Deux-Sèvres Ersup ; 706.
(5) Charge qui conférait la noblesse.
(6) La veuve de Simon Rossignol est inscrite à l'Armorial Général de France, rég. de La Rochelle, comme portant : « D'or, à une plante de fougère de sinople », p. 408.

ture. Ces deux filles décédèrent sans s'être mariées, peu après leur père. et Pierre, leur frère germain, transigea de leur succession avec les enfants du second lit.

Simon Hugueteau vint ensuite à Niort ainsi que le démontre un acte de descendance « dressé sur titres communiqués le 26 février 1789 par M. de Villedeuil. secrétaire d'Etat du département de la maison du Roy (1) ». Il y était « commis du cart du sel ». Il avait épousé Jehanne Le Roy, dont il eut pour enfants : — *d* — Giraud, qui suit ; — *e* — Jehan auteur de la branche de Maurepas § II : — *f* — Jean qui était marchand à Saint-Jean-d'Angély en 1557 et qui, de concert avec son frère Jehan Hugueteau, sieur de Maurepas, « et ayant droit et transport des enfants de feu Girault Hugueteau, leur frère, transigea avec Pierre Hillairet, marchand, l'un des pairs du corps et collège de la ville de Saint-Jean-d'Angély, curateur des enfants mineurs de feu Jean de la Ponge, dit de Vaulx, et de Jeanne Hugueteau (2) ». Il fut ensuite nommé conseiller près du corps de ville de Saint-Jean-d'Angély (3) ; on ne sait s'il se maria et s'il eut postérité. — *g* — Jeanne qui épousa Jean de la Ponge, sieur de Lavault, *al.* La Vaulx, demeurant à Saint-Jean-d'Angély : et d'où sont sortis : François, Elie, Michel et René.

Symon Hugueteau était décédé avant 1538.

3° HUGUETEAU (GIRAULT, *al.* GIRAUD), bourgeois de la Rochelle, épousa Anastasie Arondeau ; dont il eut : — *a* — Guillaume ; — *b* — Pierre, sur lesquels nous n'avons pas de renseignements.

Giraud Hugueteau était décédé avant 1557, ainsi que le prouve une « transaction d'Anastasie Arondeau, épouse de maître Louis Chené, procureur au siège présidial de La Rochelle, veuve en 1res noces de Girault Hugueteau, vivant bourgeois de La Rochelle, comme tutrice de ses enfants Guillaume et Pierre Hugueteau ; avec les deux Jean Hugueteau ses frères, marchands, demeurant l'un à Niort, l'autre à Saint-Jean-d'Angély (4) ».

§ III

Branche de Maurepas

1° HUGUETEAU (JEHAN 2me du nom), écuyer, sieur de Maurepas (§ II — 2 — *e*) épousa, par contrat passé le 8 septembre 1538 devant Pones et Roy, notaires à Niort, damoiselle Marie Pigeon (5) (fille d'honorable homme Guillaume Pigeon, bourgeois de ladite ville de Niort ; et d'honnête femme Catherine Yver) (6) dont il eut sûrement un fils : — *a* — Jean qui suit ; et, peut-être (7) : — *b* — autre Jean né le 28 novembre 1544, et sur qui nous n'avons pas de renseignements. Jean

(1) Bibliothèque Nationale. Coll. Chérin ; 108 ; cote 2239.

(2) Archives des Deux-Sèvres : E^{5} ; 706.

(3) Charge qui conférait la noblesse. C'est probablement lui que veut désigner Dom Fonteneau quand il écrit : Hugueteau (Jehan) pair de la commune de Niort en 1535. (Voir Bonneau : Armorial des Maires de Niort ; page 99.)

(4) Archives des Deux-Sèvres : E^{5}, 706.

(5) Les Pigeon portent : « D'or à un pigeon d'azur s'essorant. » (Armorial de la Généralité de Poitiers. Election des Sables.)

(6) Bibliothèque Nationale : Coll Chérin : 108 ; n° 2239. Les Yver, écuyers, seigneurs de la Bigotterie, Plaisance, la Touche-Moreau, etc , portent : « D'azur à la fasce d'or accompagnée de trois étoiles de même ».

(7) D'après les : Notes extraites des registres paroissiaux de Niort, par M. Laurence.

Hugueteau de Maurepas était Echevin de la ville de Niort. Il fut nommé une première fois maire et capitaine de cette ville : mais il existe un acte passé en l'assemblée commune de Niort le 29 mars 1558, constatant « le refus par lui (1) fait d'accepter ladite charge de maire attendu qu'il a la charge et administration des deux Aumousneryes Sainct-Jacques et Sainct-Georges de ladite ville, ainsi que la nourriture des pauvres et mallades des deux aumosneries qui sont journellement en grande affluence, et aussi des petits enfants donnés des dites aumosneries qui sont en nourrice (2) ».

« Sire » Jean Hugueteau de Maurepas fut néanmoins « nommé le 30 may 1558 à la charge de maire et capitaine de la ville de Nyort (3) pour en commencer l'exercice au jour et feste de Saint-Barnabé suivant et le finir l'année révolue ». La pièce constatant son installation en sa charge de maire et capitaine de ladite ville de Niort — pièce citée par Chérin — est datée du 12 juin 1558 (4). Il y est ainsi dénommé : « Sire Jehan Hugueteau, conseiller de l'Hôtel-de-ville de Nyort, seigneur de Maurepas, etc. . ».

Chérin cite encore de nombreux actes où il est question de Jean Hugueteau de Maurepas. Ainsi le 10 décembre 1558, « sire Jean Hugueteau, écuyer, seigneur de Maurepas, échevin, maire et capitaine de la ville de Niort fut arbitre d'un différend entre sire Jean-Jacques Laurent, Jean Bonaventure du Colombier, sire Guillaume Tarquois sieur des Coches et du Fraigne et autres parties ». — Il présida ensuite « l'assemblée tenue le vendredi 30 décembre 1558 en l'hôtel commun » de Niort, pour audition de comptes.

Le 8 may 1859 il « rendit un jugement portant deffenses aux avocas et procureur du roy de communiquer les pièces concernant ses affaires ».

Il décéda avant l'année 1587. Il avait rempli les charges de pair, maire et capitaine de la ville de Niort en 1558, échevin en 1565, juge-président de la Cour consulaire en 1574 ; encore échevin en 1581 (5).

2° HUGUETEAU (Jehan 3me du nom), écuyer, seigneur du Brizeau, de Bérasse, *al.* Bézasses et de la Petite Touche de Velluyre naquit le 5 août 1543 (6). Il épousa en présence, et du consentement de ses père et mère, par contrat passé le 30 janvier 1560 devant maitres François Esserteau et Jehan Brisset, notaires et tabellions royaux à Niort, damoiselle Marie Dabillon, *alias* d'Abillon (7) (fille de noble et honorable homme François Dabillon, sieur de Pascouinay et de la Roche, maire et capitaine de ladite ville ; et de dame Colette de la Ronce). La future était « assistée et autorisée de ses père et mère qui lui constituaient en dot la somme de 1200 livres tournois, plus le fief et revenu de la Petite-Touche de Villuyre appartenances et dépendances et autres héritages (8) ».

De ce mariage naquit un fils : — *a* — François qui suit.

---

(1) Par Hugueteau de Maurepas.
(2) Bibliothèque Nationale : Coll. Chérin ; 108 ; n° 2239.
(3) Bibliothèque Nationale : Coll. Chérin ; 108 ; n° 2239.
(4) L'original en parchemin signé : du Pin greffier, est encore actuellement entre les mains de monsieur le Colonel Buffet, et de madame, née Hugueteau de Challié.
(5) Alfred Bonneau : Armorial des maires de Niort ; p. 99.
(6) D'après les notes extraites des registres paroissiaux de Niort par M. Laurence.
(7) Les Dabillon, écuyers, sieurs de Pascouinay, la Roche, Les Touches, Lymbaudière, Champonnier, La Nouhe, La Tuilière, etc , portent : « D'azur à trois papillons d'argent posés 2 et 1. » (Beauchet-Filleau : Dictionnaire des familles du Poitou. — A. Bonneau : Armorial des maires de Niort.)
(8) Bibliothèque Nationale : Coll. Chérin ; 108 ; n° 2239.

Demeuré veuf avant 1574, Jean Hugueteau, sieur du Brizeau et de Bérasse, se remaria en deuxièmes noces à Jeanne Dubois (1), dame du Pré, dont il eut : — *b* — Jean (2), né le 12 mai 1576 célibataire ; — *c* — Marie (3), née le 9 juillet 1578, célibataire, vivante en 1605 ; — *d* — Catherine (4), née le 29 décembre 1580 ; — *e* — autre Catherine (5) née le 20 juillet 1583 ; — *f* — Jeanne, mariée le 16 juillet 1605 à Jean Guéry, sieur de la Guionnière, dont postérité : elle décéda le 31 décembre 1653, étant veuve ; — *g* — Amory qui se maria à Paris et « fut marin » (6). On ne sait au juste ce qu'il devint ; il pourrait avoir été le père de Joseph Hugueteau, procureur au bailliage de l'Arsenal à Paris, avocat à Paris de 1624 à 1625, déjà cité au § 1er, n° 3.

Le 11 décembre 1565, Jean Hugueteau, sieur du Brizeau et de Bérasse, est « fondé de la procuration de Jehan Hugueteau, seigneur de Maurpas, eschevin de la ville de Nyort, son père, à l'effet de comparoir pour lui et le représenter en jugement par devant tous juges pour y plaider, proposer et défendre (7). » Il est également « nommé dans le rolle des maires, eschevins et conseillers de la ville de Nyort présenté au greffe de messeigneurs les commissaires députés par le Roy au ressort du Parlement de Paris, sur le fait des francs-fiefs et nouveaux acquêts, le 16 décembre 1581 (8). »

Voici la note que lui consacre le comte A. Bonneau (9) : Hugueteau, Jehan, le Jeune, seigneur de Bérasse, pair de la commune, échevin, président de la Cour consulaire de Niort, en 1581.

3° HUGUETEAU (François) écuyer, sieur de Vigne, Brizeau et Maurepas, avocat au siège-royal de Niort, fut placé après la mort de sa mère sous la tutelle de « sire Jehan Hugueteau l'aisné, sieur de Maurepas, son ayeul, qui, le 3 août 1574, donna une décharge de titres qui lui furent remis par André Dabillon, sieur de Lymbauldière (10) ». Il fut nommé comme son père dans le rôle des maires, échevins et conseillers de Niort, présenté le 16 décembre 1581, au greffe de messieurs les commissaires députés par le roi au ressort du Parlement de Paris, sur le fait des francs-fiefs et nouveaux acquêts.

Autorisé et assisté de son aïeule, damoiselle marie Pigeon, veuve de noble et honorable homme messire Jehan Hugueteau, sieur de Maurepas, échevin de Niort, François Hugueteau du Brizeau (11) « épousa, par contrat passé devant Gastauld et Brisset, notaires royaux d'icelle ville, le 16 novembre 1587, dame Catherine Dupont (12) (fille de feu noble homme messire Nycollet du Pont, quand

---

(1) Beauchet-Filleau : Dictionnaire historique et généalogique des familles du Poitou ; 2e édition, t. III, p. 190.

(2 et 3) Notes extraites des registres paroissiaux de Niort, par M. Laurence.

(4) Notes extraites des registres paroissiaux de Niort, par M. G. Laurence.

(5) Notes extraites des registres paroissiaux de Niort, par M. G. Laurence.

(6) Généalogie manuscrite du XVIIIe siècle conservée dans les Archives de la famille de Laguérenne.

(7 et 8) Bibliothèque Nationale : Coll. Chérin ; 108 ; cote 2239.

(9) Comte A. Bonneau : Armorial des maires de Niort ; p. 30 et 100.

(10) Bibliothèque Nationale : Coll. Chérin ; 108 ; cote 2239.

(11) Bibliothèque Nationale, Coll. Chérin.

(12) Les Dupont, *al.* du Pont, écuyers, sieurs de Beaulieu, La Chevalerie, La Guérinière, La Portière, l'Ormeau, Lespinasse, Cherzay, La Fretière, La Guerbinière, La Paillerie, Frozes, Moulins, La Tour-de-Charrais, La Remonnière, etc., portent : « D'azur à trois tours d'argent ; 2 et 1. — Devise : *Urbs tuta sub ipsis* » Cette maison qui semble originaire de Fontenay-le-Comte a donné un maire à la ville de Poitiers au XVIIIe siècle. [Armorial des maires de Poitiers : D. F. 82 — Beauchet-Filleau : Dictionnaire des familles du Poitou. — Archives de la Vienne : E 2 235 ; E5 636,640].

vivait sieur de Mazeau, avocat du Roy en la sénéchaussée de Fontenay-le-Comte ; et de dame Françoise Brisson (1) son épouse : la dite Catherine « agissant de l'avis et consentement de noble homme Pierre Brisson, conseiller du Roy et sénéchal de la sénéchaussée de Fontenay, son oncle à la mode de Bretagne ; de nobles hommes Jehan Chasteau, conseiller du roy, esleu en l'Election de Fontenay, et Nycollet Chasteau, receveur des tailles et taillons en l'élection de Saint-Maixent ; et de dames Jehanne et Gabrielle du Pontz, leurs femmes, sœurs de la future ».

François Hugueteau du Brizeau était mort avant 1622, laissant : — *a* — Jean qui suit ; — *b* — Catherine qui épousa noble et honorable Pierre Couprie (2), sieur des Aix, *al.* des Hayes, adjoint aux Enquêtes et procureur substitut du procureur du roi en 1624, adjoint pour le roi et procureur héréditaire en 1630, avocat et procureur en 1631, pair et bourgeois de Niort de 1638 à 16?4 ; d'où postérité ; *c* — probablement Joseph qualifié « sieur du Brizeau, honorable homme, 1624-1626 », qui dût mourir sans alliance.

4° HUGUETEAU (JEAN 1er du nom) sieur de Maurepas, La Repoussonnière et Brizeau fut reçu avocat en parlement de Paris, puis licencié-ès lois, avocat au siège royal de Niort. Il fut nommé — par frère Blayse Filleau, religieux aumônier en l'abbaye de Notre-Dame-de Celles — à l'office de juge-sénéchal en la juridiction des fiefs, terres et seigneuries de la dite aumônerie ; en 1619 (3). Il fut également nommé par Jean de Baudien, prieur-claustral de N. D. de Celles, à l'office de juge-sénéchal de la terre et seigneurie de Couzais, en 1619 (4). Il épousa, par contrat passé le 15 octobre 1622, devant Sabourin et Nouyon, notaires royaux de la ville de Niort, damoiselle Anne Arnauldet (5), (fille de feu noble homme, messire Jehan Arnauldet, sieur de la Repoussonnière et de la Blanchardière, échevin, pair et bourgeois de la dite ville de Niort, avocat et procureur au siège royal d'icelle ; et de dame Marie Coyault) (6). Etaient présents au

---

(1) Les Brisson chevaliers sieurs du Palais, La Boissière, Gravelle, Lescour, Gilles-Voisin, Le Breuil, Epinay, Vendimoire, La Touche, La Grange, La Pitolière ont donné un premier président au Parlement de Paris, un membre de l'Institut, un filleul de Louis XVI et de Marie-Antoinette, etc...
Ils portent : « D'azur à trois fusées d'argent posées en fasce ; » *alias* « D'azur à trois fusées d'argent. » [Dictionnaire de la noblesse. — Armorial de la Généralité de Poitiers. — Blanchard : Histoire des Présidents. — Confirmations de noblesse de maître Barentin, Intendant de Poitou. — Beauchet-Filleau, etc.]

(2) Les Couprie, sieurs des Hayes, de la Roussière, de Beaulieu, portent : « D'azur à deux léopards rampants affrontés d'argent, tenant une épée de même à poignée d'or perçant un cœur de gueules. » [Armorial de la Généralité de Poitiers. — Beauchet-Filleau : Dictionnaire des familles du Poitou. — Mémoires de la Société de statistique des Deux-Sèvres, 1884.]

(3) Archives des Deux-Sèvres : E* 707.

(4) Archives des Deux-Sèvres : E* 707.

(5) Les Arnauldet, sieurs de la Repoussonnière, La Blanchardière, La Vieille-Rose, Vaucluse, le Mairé, La Guérinière, Chambault, La Coussotière, etc., portent « de gueules au lion d'or surmonté de 4 étoiles d'argent ; » *al.* : « D'or, à trois membres de griffons de gueules. » — Un Arnauldet, sieur de la Coussotière, est porté au catalogue des nobles de Poitou en 1667 comme officier de la maison du roi. [Armorial de la Généralité de Poitiers. — Beauchet-Filleau : Dictionnaire des familles du Poitou. — Cte Bonneau : Armoiries de quelques échevins et pairs de Niort.]

(6) Les Coyault, écuyers, sieurs du Fourneau, Santi, Sainte-Marie, La Bertronnerie, Le Rivault, Les Morinières, *al.* Mariniers, etc., furent maintenus dans leur noblesse par l'Intendant Barentin en 1667 : « D'azur, au chevron d'or, accompagné en chef de deux étoiles de même, et en pointe d'une calebasse d'argent. » [Armorial de la Généralité de Poitiers. — Beauchet-Filleau : Dictionnaire des familles du Poitou ; — Bulletin de la Société de Statistique des Deux-Sèvres ; I, 206.]

contrat : nobles et honorables hommes Pierre Couprie des Hayes et damoiselle Catherine Hugueteau beau-frère et sœur du marié ; André Dabillon, sieur de Lymbaudière, échevin ; Etienne Dabillon sieur de Pascouinay ; Philippe Legoust, docteur en la faculté de médecine de Montpellier et Marguerite Savignon sa femme ; Charles Baumier, sieur de la Chappronière ; Jehan Baumier, sieur du Rivault, avocat en parlement ; Jehan Audoucet, écuyer, sieur de la Bigottière et damoiselle Claude Viette sa femme ; — tous cousins ou parents du marié (1).

Jean Hugueteau de Maurepas fut nommé juge-sénéchal ordinaire de la baronnie et seigneurie de Celles, par Hillaire Fillaud, abbé commendataire de l'abbaye et baronnie de Notre-Dame de Celles ; en 1623. La même année, Marguerite de Théry, veuve de Jean Chabryé vivant seigneur de Faucellois, le nommait juge-sénéchal des seigneuries de la Voulte et de Pouzanneau. En 1624, Henry de Humery — prêtre religieux de l'abbaye de Saint-Germain au-Mont à Paris, prieur-curé de Périgné, — le nomma juge-sénéchal du prieuré-cure de Périgné. Enfin, en 1634, Denis Gastaud, prieur de Saint-Nicolas de Mursay, le nomma au même office dans le dit prieuré (2). C'était, d'après M. A. Bonneau, « un avocat et un poète distingué ».

« Jehan Hugueteau, sieur de Maurepas, avocat au siège royal de la ville de Nyort, fit un testament olographe en la même ville le 12 septembre 1647, par lequel il mit sa sépulture dans le petit cimetière de l'église paroissiale de Notre-Dame de cette ville, au tombeau de ses ancestres, fit diverses dispositions pieuses dont il laissa le soin à dame Anne Arnauldet, son épouse, légua la tierce partie de ses propres et domaines anciens assis en Saintonge à Jehanne, Gabriel, Louis et Pierre Hugueteau leurs enfants par préciput et avantage sans aucun rapport et précompte ; ordonna que si François Hugueteau, aussi son fils, sortait de la compagnie des R. Pères jésuites avant l'émission des vœux simples, il partagerait également avec ses frères ; et laissa à ladite dame son épouse l'usufruit de tous ses biens, meubles, acquêts et conquêts, immeubles, et du tiers de ses héritages anciens en quelque province qu'ils puissent être situés (3) ».

Il fut inhumé le 23 septembre 1647 dans l'église paroissiale de Notre-Dame de Niort (4). Il laissait : — *a* — Jeanne née le 10 janvier 1624, décédée le 31 décembre 1653 ; — *b* — Jean qui suit ; — *c* — François-Joseph né le 24 mai 1627, entra dans la Compagnie de Jésus, fut un prédicateur très estimé, prêcha plusieurs fois devant le roi et mourut en odeur de sainteté ; — *d* — Louis, né le 8 août 1629 ; — *e* — Gabriel, auteur de la branche de Brizeau et Challié § IV ; — *f* — Louis né le 28 septembre 1632, décédé le 28 mars 1652 ; — *g* — Marie née le 23 juin 1633, décédée le 4 avril 1643 ; — *h* — Jacques né le 8 juin 1635, décédé le 2 janvier 1636 ; — *i* — Pierre auteur de la branche de la Pivardière § VIII.

7° HUGUETEAU (Jehan 5me du nom) sieur de Brizeau, épousa le 3 août 1649 Marie Arnault (5) (fille d'Alexandre Arnault, sieur de Château-Gaillard, procu-

---

(1) Bibliothèque Nationale, Coll. Chérin.

(2) Les originaux sur parchemin de ces diverses nominations sont déposés aux archives des Deux-Sèvres : (E ; 707).

(3 et 4) Bibliothèque Nationale ; Coll. Chérin.

(5) Les Arnault de la Ménardière qui ont été par arrêt de la cour d'appel de Poitiers, « sur le vu d'actes antérieurs à la Révolution » confirmés dans leur droit de porter le nom de la Ménardière, étaient écuyers, sieurs de la Ménardière, Chateau-Gaillard, Bonneuil, La Moucherie, La Fraignée, La Michelière, etc. . Ils ont donné des pairs, échevins, consuls et maires à la ville de Niort : « D'argent à trois couronnes de laurier de sinople » ; *al* : « D'azur au lion d'or armé et lampassé de gueules. » (Cte Bonneau : Armorial des maires de Niort. — Beauchet-Filleau : Dictionnaire des familles du Poitou.)

reur du roy à Niort : et de Marie Giraudeau (1) dont il eut : — *a* — Jean né le 29 mai 1650, prêtre-chantre de Saint-André de Niort de 1683 à 1708, décédé le 16 juin 1710 ; — *b* — Henri né le 26 juin 1652, décédé le 16 avril 1659 ; — *c* — Pierre né le 22 février 1654 ; — *d* — Marie née le 19 juin 1655, décédée le 4 décembre de la même année ; — *e* — Jacques né le 26 août 1657 qui dut mourir jeune.

Jean Hugueteau du Brizeau assista au mariage de son frère Gabriel, sieur de Gourville et de Challié, le 27 juillet 1650 ; mais en 1658 il plaidait contre lui et contre son autre frère Pierre Hugueteau de la Pivardière au sujet du testament de feu leur père. Une première sentence (2) le débouta de ses prétentions (1658), et la même année un arrêt du Conseil d'Etat rejetait l'appel fait par lui (3).

Avec lui s'éteignait la branche des Maurepas.

§ IV

Branche de Brizaud et de Challié

1° HUGUETEAU (GABRIEL) écuyer sieur de Brizaud, Gourville, Maurepas, Challié et Charay (§ III — 4 — *c*) fut baptisé en l'église paroissiale de Notre-Dame de Niort le 9 janvier 1631. Il était avocat au parlement et occupa les charges de « Procureur du Roi, de Pair et de Lieutenant détaché au régiment royal en 1674, de doyen des avocats et de juge des consuls en 1678 (4) ».

Il épousa, avec l'assistance et autorisation de dame Anne Arnauldet, sa mère, par contrat passé le 27 juillet 1650 devant Abraham Perrot et Jacques de Moulins, notaires royaux à Niort, damoiselle Claude Renault, *al*. Regnault (5) (fille de feu René Renault, sieur de Vinerville, écuyer, brigadier de cent chevau-légers de la Garde du Roy, pair de la ville de Niort ; et de demoiselle Barbe Chabot, sa veuve (6). La future était « assistée et autorisée de ladite dame

---

(1) Les Giraudeau sieur de la Gaschetière, La Leu, La Pigeonnerie, etc., portent : « D'argent à trois têtes de corbeau de sable ; 2 et 1. » [Armorial de la Généralité de Poitiers.]

(2 et 3) Archives des Deux-Sèvres : E. 708

(4) Alfred Bonneau : Armorial des maires de Niort ; page 100.

(5) Les Renault, *al*. Renauld, Regnault, écuyers, sieurs de Vinerville, Rancogne, Le Grand et le Petit Montbrun et la Sourdière sont connus en Poitou depuis 1290. « D'azur à trois pommes de pin d'or ; 2 et 1. » [Armorial de la généralité de Poitiers.] Beauchet-Filleau : Dictionnaire des familles du Poitou. — A. Bonneau : Armorial des maires de Niort. — D. de Mailhol : Dictionnaire de la noblesse française.

(6) Les Chabot, écuyers, sieurs de Thelouze, La Pimpelière, Challié, *al*. Chaillé, La Mothe-Saint-Denis de Mairé, Boisjard, Les Marais, le Moulin-Neuf, Boisrenoux, Viré, La Guignardière, La Gerbaudie, La Poupaudière, Prinçay, Bourgneuf, Saint-Rémy, Antes, etc., sortent d'une des plus anciennes familles de Niort qui a fourni des maires, échevins, juges-consuls, gardes du corps ; un représentant de la ville de Niort près du roi Charles IX, etc. Le général Chabot, baron de l'Empire, grand-officier de la Légion d'Honneur, etait un descendant de cette famille ; c'est du général Chabot que Bonaparte disait : « Chabot est donc mort ! » lorsqu'on apprit en France la reddition de Corfou. Cette maison porte : « D'argent à trois chabots de sable ; 2 et 1. » — Le général Chabot reçut les armes suivantes : « Ecartelé aux 1 et 4 d'or à trois chabots en pal de gueules, 2 et 1 ; au 2 de gueules à l'épée en pal d'argent ; au 3 d'azur à la forteresse donjonnée de trois tourelles crénelées d'argent ajourées et maçonnées de sable, soutenue d'un rocher d'argent, cantonnée à dextre en chef d'une botte à éperon d'argent, à senestre d'un casque taré de profil, à dextre en pointe d'une galère antique d'or, à senestre d'un cygne nageant d'argent. » L'écu timbré d'un tortil de baron. C'est par Barbe Chabot, dame de la Mothe, Ante et Challié, qui épousa René Regnault, écuyer, seigneur de Vinerville, brigadier des chevau-légers de la garde du roi, que la seigneurie de Challié passa dans la famille Hugueteau qui en porta le nom jusqu'à nos jours. [Armorial de la généralité de Poitiers. — Beauchet-Filleau : Dictionnaire des familles du Poitou. — Vicomte Révérend : Armorial de l'Empire et de la Restauration. Maintenue de noblesse accordée, par Louis XVIII en 1817.

sa mère, de son ayeule damoiselle Perrette Pastureau, veuve de noble homme Laurent Chabot, eschevin de la maison commune de la ville de Nyort (1) » sieur de Saint-Remy, Challié, Antes, etc.

En 1658 Gabriel Hugueteau, sieur de Maurepas, plaidait contre son frère Jean Hugueteau sieur de Brizeau au sujet du testament de son père (2).

Et, en 1667, on trouve, dans les archives des Deux-Sèvres, un échange conclu entre Nicolas Escardz, sieur de Médoc, demeurant à Vinerville (paroisse de Tridon), époux de Perrette Regnault, et son beau-frère Gabriel Hugueteau, sieur de Maurepas, avocat au siège royal de Niort, époux de Claude Regnault, du fief noble de Challié sis en la ville de Niort, (faubourg du Port), et de la maison noble et métairie de Charay (3). C'est pourquoi, en 1668, Gabriel Hugueteau de Challié, sieur de Maurepas, rendait dénombrement et hommage pour son fief de Challié (4) à Jacques Foucher, chevalier, marquis de Circé baron de Mairé (5). Enfin, il existe encore également aux archives des Deux-Sèvres un jugement de 1670 entre Gabriel Hugueteau, sieur de Challié et de Maurepas, avocat au siège royal de Niort, Jacques Allonneau, Jean de la Cassagne, écuyer, sieur de Saint-Laurent, l'évêque de Poitiers, et Abimelech Foucher marquis de Circé (6).

Gabriel Hugueteau de Challié, sieur de Maurepas, « Lieutenant dans une compagnie du régiment de 500 hommes détachés pour le service du roy à la défense des côtes du Poitou a bien et fidèlement servi Sa Majesté en l'isle de Bouhin et ailleurs, suivant un certificat à lui donné à Beauvoir, le 17 juillet 1674, par le duc de la Vieuville, Pair de France, chevalier d'honneur de la Reine, gouverneur et lieutenant-général pour le roy du haut et bas Poitou ». (Original en parchemin, signé : le duc de la Vieuville ; plus bas : Par monseigneur : Taconnet ; et scellé du cachet de ses armes) (7).

Il mourut à l'âge de 51 ans et fut inhumé, le 29 septembre 1671, dans l'église paroissiale de Niort.

De son mariage il avait eu : — *a* - Gabriel, né le 30 juin 1651, qui dut mourir jeune : — *b* — Jean qui suit ; — *c* — Marguerite, née le 13 mars 1658, décédée le 15 avril 1664 ; — *d* — Barbe, née le 17 octobre 1659, morte le 17 septembre 1661 ; — *e* — Laurent, né le 18 juillet 1661 (8), décédé le 18 mars 1684 ; — *f* — Renée née en septembre 1662 qui entra dans les ordres. Elle était dame de la Miséricorde en 1690 et mourut le 20 juin 1728 ; — *g* — Marie, née le 7 mars 1664, décédée le 20 janvier 1747 ; — *h* — Louis, né le 5 février 1667, qui dut mourir jeune ; — *i* — Anne, née le 1er octobre 1668 ; — *j* — Marie-Anne née le 25 mars 1671, décédée le 6 décembre 1745 ; — *k* — Françoise, née le 28 décembre 1672 et qui vivait encore en 1701.

2° HUGUETEAU DE CHALLIÉ (JEAN 6e du nom ; *alias* Pierre), écuyer, sieur de Maurepas, La Repoussonnière et Challié « procureur du Roi, pair et lieutenant au régiment royal en 1674 (9) » fut baptisé le 6 juillet 1654 en l'église paroissiale

---

(1) Bibliothèque Nationale : Coll. Chérin.
(2) Archives des Deux-Sèvres : Es, 708.
(3-4) Archives des Deux-Sèvres : B : 240.
(5) Autrefois appelé : fief de la Mothe de Saint-Denis de Mairé.
(6) Archives des Deux-Sèvres : Es, 240.
(7) Bibliothèque Nationale : Coll. Chérin.
(8) Son acte de naissance est conservé aux archives des Deux-Sèvres : Es, 708.
(9) Alfred Bonneau : Armorial des maires de Niort, page 100.

de Notre-Dame de Niort. Il fut échevin de la ville de Niort de 1689 à 1699 et sortit de charge le 11 janvier 1700.

Il avait épousé, par contrat passé le 22 janvier 1679 devant Boucher et J. Gaignet, notaires royaux, damoiselle Catherine Thibault (1), (fille de Pierre Thibault, sieur de Champmignon, notaire royal, pair et bourgeois de la ville ; et de feue dame Marie Bigot) dont il eut : — *a* — Catherine-Claude, née le 25 mars 1679, mariée le 31 mars 1704 à Charles Pastureau (2); — *b* — Catherine-Renée née le 29 septembre 1681 : — *c* — Jean qui suit : — *d* — Marie-Thérèse née le 6 août 1685, décédée le 14 août de la même année. Catherine Thibault mourut elle-même le 17 août 1685 et Jean Hugueteau de Challié se remaria le 23 octobre 1690 à Marguerite Bodillon (veuve en 1res noces d'Hélie Bardon (3), sieur de Lamberthière, maître apothicaire à Niort, président de la Cour Consulaire, échevin et pair de cette ville ; dont il eut : — *e* — Marie-Anne qui fut marraine de Jean-Pierre Hugueteau de Challié son neveu, le 28 mars 1715 ; et marraine également de sa nièce Marie-Anne-Jeanne Hugueteau de Challié, le 23 juin 1731. Elle vivait encore en 1745.

Jean Hugueteau de Challié mourut à l'âge de 57 ans et fut inhumé le 20 août 1710 dans l'église paroissiale de Notre-Dame de Niort. Il s'était fait délivrer en 1693 un acte de notoriété constatant qu'il était avocat au siège royal de Niort depuis 1670 (4). C'est lui également qui fut inscrit d'office à l'Armorial Général de France (5) avec les armes suivantes : « D'azur à trois croix potencées d'or, 2 et 1 ».

3° HUGUETEAU DE CHALLIÉ (JEAN 7e du nom) écuyer, sieur de Challié, Brizeau et Ante naquit le 24 juillet 1684 ; ondoyé le même jour, il fut baptisé le lendemain en l'église paroissiale de Notre-Dame de Niort. Avocat en Parlement, pair et lieutenant de la ville de Niort en 1698 (6), notable en 1716, il fut nommé échevin le 11 juin 1725 et sortit de sa charge le 11 juin 1729 (7). Porté d'office, lui aussi, à l'Armorial de la Généralité de Poitiers (élection de Niort) (8), il y fut inscrit avec un blason incomplètement décrit. « D'azur à trois croix ?. » En 1729, à la « requête de Jean Hugueteau seigneur de Challié, demeurant à Niort, signification fut faite à Louis de Villiers, sieur de Chantemerle, demeurant également à Niort, d'avoir à exhiber ses contrats d'acquisition de la seigneurie d'Ante et à rendre hommage au dit Jean Hugueteau (9). » Cet hommage et aveu fut rendu par Louis de Villiers, sieur de Chantemerle et d'Ante en 1730 (10).

---

(1) Les Thibault, écuyers, sieurs de la Tour, Aunac, Elbenne, Bouteville, Forges, etc. portent « D'azur à une tour crénelée d'argent ». La branche d'Allerit, dit maître Bonneau, y ajoute : « *un* chef cousu d'argent chargé d'un croissant d'azur, accompagné de deux croisettes de gueules. » Carré de Busserole dit : « 2 sautoirs alaisés de gueules. »

(2) Les Pastureau, écuyers, sieurs de Charay, La Grange, Vaumoreau, Maurpas, La Roche-Cartault, Le Pays, Les Rochers, Le Lymon, Les Granges, Richebonne, Boutteville, Germond, etc... portent : « De sinople à trois béliers passant d'argent, posés 2 et 1. » [Armorial de la généralité de Poitiers. — A. Bonneau : Armorial des maires de Niort.]

(3) Elie Bardon, sieur de Lamberthière, échevin de Niort, portait : « D'azur à une main d'argent portant un guidon d'or. » [Armorial de la généralité de Poitiers. — Beauchet-Filleau : Dictionnaire des familles du Poitou. — A. Bonneau : Armorial des Echevins de Niort.]

(4) Archives des Deux-Sèvres : E4, 710.

(5) Armorial de la généralité de Poitiers ; élection de Niort [édition Passier ; page 485].

(6) Cte Bonneau : Armorial des maires de Niort ; page 100.

(7) Notes de M. G. Laurence.

(8) Enregistrement du 26 novembre 1700 (édition Passier ; page 223, no 217).

(9) Archives des Deux-Sèvres : Bmp ; 14.

(10) Archives des Deux-Sèvres : Bmp ; 14.

Il épousa, par contrat passé le 4 juillet 1712 devant J. Grugnet et A. Lafiton, notaires royaux à Niort, damoiselle Louise Garsin (1) *al.* Garcin (fille de messire Vincent Garsin, sieur des Aubiers et de dame Marie Boulet) dont il eut : — *a* — Jean-Louis Marie né le 9 avril 1713 ; — *b* — Marguerite-Louise né le 5 avril 1714, décédée le 30 juin 1729 ; — *c* — Jean-Baptiste-Pierre, qui suit ; — *d* — Claude-Catherine née le 13 mars 1716, morte le 28 septembre 1717 ; — *e* — Marie née le 28 juillet 1717, morte le 15 août de la même année ; — *f* — Marie-Anne-Jeanne née le 20 mai 1720, décédée le 24 mai de la même année ; — *g* — autre Marie-Anne Jeanne, née le 22 juin 1721, qui eut pour marraine sa tante Marie-Anne Hugueteau de Challié.

Devenu veuf le 9 octobre 1721, Jean Hugueteau de Challié épousa en 2mes noces damoiselle Marguerite-Opportune Cochon (2) du Puy (fille de Philippe Cochon, sieur du Puy (3), médecin ordinaire du roy, échevin et maire de la commune de Niort, administrateur de l'hospice ; et de Marie Brisset de l'Epinette) qui décéda sans enfants à Niort le 28 septembre 1761.

Lui-même était mort le 21 février 1754 dans sa soixante et onzième année, et avait été inhumé le lendemain en l'église paroissiale de Niort.

En 1751 (4) il avait reçu l'hommage de Joseph de Villiers, seigneur de Marsay *al.* Marsais et d'Ante, à cause de la seigneurie d'Ante ; et en 1752, on trouve également aux Archives des Deux-Sèvres un « aveu rendu au sieur Hugueteau de Challié, pour la seigneurie d'Ante, par René-Alexandre marquis de Culant, seigneur de Verger-Beau (5). »

4° HUGUETEAU DE CHALLIÉ (JEAN-PIERRE ; *al.* Jean-Baptiste-Pierre) écuyer, sieur de Challié, Brizeau, Gaultret, Pibrac et Gourville naquit le 26 mars 1715, fut baptisé le lendemain en l'église paroissiale de Notre-Dame de Niort et eut pour marraine damoiselle Marie-Anne Hugueteau de Challié, sa tante paternelle. Il reçut un « certificat d'aptitudes au grade de licencié en droit civil et en droit canonique délivré par la faculté de Poitiers (6) » en 1737, et, en 1738 ; eut lieu sa réception au serment d'avocat par la cour de Niort « céant (*sic*) en la juridiction consulaire des sieurs juges consuls des marchands de cette ville de Niort, attendu les dégradations arrivées au Palais royal des dits lieux (7) ». Avocat en

---

(1) Bibliothèque Nationale : Coll. Chérin. — D'après un travail fait par M. Hugueteau de Gaultret en 1869, la famille Garsin, *al.* Garcin habitait les environs de Prahec (Deux-Sèvres) : Blason inconnu. Alliances : Simoneau de Girassac, Letellier, Coyault du Portail, Chebrou, etc. Toujours d'après M. Hugueteau de Gaultret, Louise Garcin aurait été fille d'un officier de cavalerie. — Or, on trouve à l'Armorial de la généralité de Poitiers, élection de Niort : Garcein Vincent, marchand-bourgeois de Prahecq, porte : « Fuzelé d'or et d'azur, à un chef d'argent. » Passier I ; page 253, n° 600.

(2) Les Cochon, seigneurs de Lapparent, Le Puy, Bénéon, La Mangelate, La Combe, La Grangerie, La Menardière, La Tudelière, le Vivier, la Tour, Eparmes, etc., sont d'une illustre et très ancienne maison originaire de la Rochelle, dont les membres se sont répandus en Poitou et en Berry. La branche du Puy portait : « D'azur au chevron d'argent accompagné de 3 hures d'or et surmonté d'un croissant d'argent. » (Archives Nationales, Chambre des Comptes 1753. — Armorial de la généralité de Poitiers. — Beauchet-Filleau : Dictionnaire des familles du Poitou.) La branche de Lapparent portait : « D'or au chevron de gueules accompagné de 3 hures de sangliers de sable. » Le comte de Lapparent y ajoutait à dextre le franc-quartier de comte sénateur de l'Empire et une croix de la Légion d'Honneur posée sur la pointe du chevron. (D. de Maithol : Dictionnaire de la noblesse française.)

(3) Pour Philippe Cochon du Puy, voir Arcère et le grand Dictionnaire de Moreri.

(4) Archives des Deux-Sèvres : Bsup ; 14.

(5) Archives des Deux-Sèvres : Bsup ; 14.

(6-7) Archives des Deux-Sèvres : E- ; 710

Parlement, il fut nommé conseiller du roy et son procureur en la maîtrise des eaux et forêts de la ville de Niort ; et conseiller honoraire en 1778. Il fut inscrit parmi les notables de la commune les 10 septembre 1765, 15 avril 1774 et 25 mars 1782. Il fut élu conseiller le 17 mars 1767 pour prendre rang le 11 juin. Echevin (1) à la date du 17 mai 1768, il sortit de charge le 11 juin 1770.

Il avait épousé le 23 octobre 1740, par contrat passé devant Baudin et Grugnet, notaires royaux à Niort, damoiselle Marie-Magdeleine Potier (2) de la Foucaudière (fille d'Etienne Potier seigneur de la Foucaudière : et de défunte Marye Cochon de Lapparent dont il eut : — *a* — Marie Marguerite-Opportune née le 14 septembre 1741, mariée le 16 janvier 1764 à Etienne-Thomas Chabot (3), dont postérité. Elle mourut après 1778 ; — *b* — Marie-Anne-Louise née le 21 octobre 1742, décédée le 5 juin 1754 ; — *c* — Madeleine-Louise née le 17 décembre 1743, morte le 10 décembre 1747 ; — *d* — Jean-Baptiste-Etienne-Alexandre qui suit ; — *e* — François-Gabriel, auteur de la seconde branche de Challié § V : — *f* — Pierre-Thomas né le 30 janvier 1747, décédé le 11 octobre 1749 ; — *g* — Michel, connu sous le nom de sieur de Bourgneuf, naquit le 30 janvier 1749, entra dans les ordres. Il était prêtre habitué de Notre-Dame de Niort en 1773, prieur de Saint-Rémy-de-Conac en Saintonge en 1781, 1783, et mourut à Ardin en 1816. Voici son acte d'inhumation :

« Le 8 septembre 1816 a été inhumé le corps de messire Michel Hugueteau de Bourgneuf prêtre, ancien prieur de Conac, diocèse anciennement de Xaintes, décédé en son domicile en cette paroisse, en présence de ses parents soussignés (4). »

— *h* — Thomas-Pierre né le 21 mars 1750, décédé jeune ; — *i* — Pierre-René né le 5 avril 1751, mort en bas âge ; — *j* — Pierre, auteur de la branche de Saint-Gouard et Gaultret § VI ; — *k* — Anne-Madeleine née le 3 novembre 1753 ; — *l* — Marie-Ursule née vers 1753, (probablement jumelle de la précédente) et décédée le 20 janvier 1756, à l'âge de deux ans ; — *m* — Jean-Jules né le 15 décembre 1754, mort le 9 novembre 1761 ; — *n* — Françoise-Louise née le 16 mars 1756, mariée le 10 février 1778 à François Potier, écuyer, seigneur de la Vallée ; — *o* — Marie-Madeleine, née le 24 septembre 1757 ; — *p* — un fils né et mort le 6 mai 1759 ; — *q* — Marie-Marc né le 26 avril 1760, décédé le 26 septembre 1771 ; — *r* — Françoise-Victoire née le 11 septembre 1763 et qui mourut le 5 février 1766.

---

(1) M. Bonneau [Armorial des maires de Niort, page 100] donne la date de 1767 à son élection à l'échevinage.

(2) Les Potier, seigneurs de La Foucaudière, les Fontaines, La Vallée, Puissac, La Martinière, Le Chillon, Les Granges, La Jouinière, etc. portent : « D'azur à un chevron d'argent accompagné de trois vases d'or ; 2 en chef et 1 en pointe. » [Armorial de la généralité de Poitiers. — Ce Bonneau : Armorial de quelques Echevins de Niort. — Beauchet-Filleau : Dictionnaire des familles du Poitou.

(3) Etienne-Thomas Chabot était issu de la branche des Chabot de Boirenoux. Nous avons donné plus haut les armoiries de cette famille qu'il ne faut pas confondre avec une famille du même nom, originaire d'Aigre, et dont les membres, sieurs de Boisfort, Peuchebrun, Lussay, Marsillé, Jouhé, Pothonnier, Luché, La Foie, Bouin, Le Breuil, etc. portaient : D'azur, à deux chabots d'argent posés en fasce, celui du chef regardant à dextre et celui de la pointe à senestre ». Voir nos recherches historiques, biographiques et généalogiques : Famille Gilbert du Deffant : pages 10 et 14.

(4) Suivent les signatures. Registres paroissiaux d'Ardin, communiqués par M. l'abbé L. Barraud, curé de cette paroisse.

Jean-Baptiste-Pierre Hugueteau de Challié, conseiller et procureur honoraire de la maitrise particulière des Eaux et forêts de Niort, « rendit hommage à la seigneurie de la Mothe de Saint-Denis de Mairé, pour raison de son fief de Challié en 1775 (1). » Il renouvella cet hommage en 1781 (2) ; et, en 1788, il rendit également hommage pour raison de sa maison noble de Gaultrait (Gaultret) et autres choses tenues sans justice à Louis Boscal de Réals de Mornac, chevalier, sieur de Badicle et Vallans, chevalier de Saint-Louis, conformément à l'acte d'abonnement reçu par Dugué notaire, « moyennant 10 livres de mutation et 10 sols de chambellage et sous condition de rendre son dénombrement dans le temps de la coutume (3) ».

Le 3 juin 1788, M. Hugueteau, « escuier », conseiller du roy honoraire des Eaux et forêts de la ville de Nyort, obtint un certificat de plusieurs Gentilhommes portant que le dit Hugueteau était d'origine noble, que lui, ses pères, et même ses enfants avaient toujours occupé des états dans la magistrature (4) ; et le 23 décembre 1788 un certificat, en original et copie notariée de MM. de la noblesse de Niort, établit que messire Hugueteau, écuyer, procureur du roy honoraire des Eaux et forêts de la dite ville de Niort, était d'origine noble (5).

Enfin le 26 février 1789 Jean-Baptiste-Pierre Hugueteau de Challié présenta une requête au Conseil du roi : original en papier signé : Henrion de Saint-Amand) (6). C'est sur sa tête, en qualité de chef de famille, que furent supprimées à l'époque de la Révolution les seigneuries de Brizeau et Challié parce qu'elles consistaient seulement en droits féodaux. Gaultret qui avait domaine resta dans la famille : c'est actuellement la propriété de Mme Alban de Mascureau, fille du comte de Liniers et de la comtesse, née Hugueteau de Challié.

Il mourut le 18 octobre 1793. M. de la Porte le cite comme ayant été appelé à Poitiers en qualité de membre de l'ordre de la noblesse de la province convoquée pour les Etats-Généraux de 1789 (7).

5° HUGUETEAU DE CHALLIÉ (Jean-Baptiste-Etienne-Alexandre), écuyer, sieur de Pibrac, *al.* Ribray et Gourville naquit vers 1744. Il est nommé (8) le 26 février 1789 dans la requête présentée au Conseil du roy par son père.

Dans les actes publics il prenait les titres d'avocat en Parlement, Conseiller du roi en la sénéchaussée de Poitou, juge-magistrat et procureur du roi au siège-royal de Niort. Il épousa le 31 janvier 1769 Marguerite-Henriette Charrier de la Marcadière (9), fille de N... Charrier, sieur de la Marcadière avocat en Parlement) dont il eut : — *a* — Marie-Henriette née le 25 octobre 1769 et mariée à Jacques

---

(1) Archives des Deux-Sèvres : E³, 710.
(2) Archives des Deux-Sèvres : B³, 14.
(3) Archives des Deux-Sèvres : B ; Chatellenie de Vallans, liasse 416.
(4) Bibliothèque Nationale : Coll. Chérin 108 ; cote 2239.
(5) Documents communiqués par M. le colonel Buffet. L'original de ce certificat est entre les mains de Mme A. Buffet, née Hugueteau de Challié.
(6) Bibliothèque Nationale : Coll. Chérin 108 ; cote 2239.
(7) Armand de la Porte : Armorial de la noblesse du Poitou convoquée pour les Etats Généraux en 1789 ; p. 70.
(8) Bibliothèque Nationale : Coll. Chérin 108 ; cote 2239.
(9) On trouve dans les environs de Niort de nombreux Charrier sieurs de la Marcadière, de la Sicardière, des Granges, de Belleville, de Prénoirault, de Louvardière etc... ; mais jusqu'ici il semble difficile d'établir la filiation. Les Charrier sont inscrits à l'Armorial Général (élection de Niort) ; ils portent : « De gueules à une roue d'argent, coupé d'argent à une roue de sable » ; *alias* : « De sable au sautoir d'argent. » (D'Hozier.

de la Perrière de Roiffé (1) écuyer, capitaine-aide-major au régiment de Bourbonnais-Infanterie, chevalier de Saint-Louis ; — *b* — Marie-Françoise, née le 19 septembre 1770 qui épousa Charles Chevallereau (2) de la Chauverie, dont postérité : — *c* — Catherine-Emilie, née le 21 mars 1772 et mariée, le 17 février 1808, à Pierre-Elie-Madeleine, marquis de Sainte-Hermine ; (3) — *d* — Marie-Anne-Victoire, dame de Gourville, née le 7 septembre 1774, qui épousa en juin 1809 Philippe du Chesne (4) de Saint-Léger, chevalier de minorité de l'ordre de Malte, dont postérité. Elle mourut le 11 juin 1814 ; — *e* — Marie-Madeleine, née vers 1775, marraine de sa sœur Marie Augustine ; — *f* — Marie-Augustine, née le 27 août 1777, décédée le 23 août 1779 ; — *g* — Marie-Henriette, née le 27 janvier 1780.

Comme Jean-Baptiste-Etienne-Alexandre Hugueteau n'avait que des filles, le fief de Challié, dont les ainées de cette famille portaient le nom, fut attribué à son frère puiné, François-Gabriel, qui en prit le nom et en toucha une partie des droits, de concert avec Jean-Baptiste-Pierre Hugueteau de Challié, leur père. De ce fait, on rencontre, dans certains actes, Jean-Baptiste-Etienne-Alexandre désigné sous le nom d'Hugueteau de Gourville. C'est aussi pourquoi l'on trouve « Jean-Etienne-Alexandre Hugueteau, seigneur de Gourville » comparaissant parmi les membres de la noblesse du Poitou convoquée pour les Etats Généraux de 1789 (5).

Il mourut le 22 mai 1814.

§ V

Seconde branche de Challié

1° HUGUETEAU DE CHALLIÉ (François-Gabriel) écuyer, seigneur de Challié jusqu'en 1792 (§ IV — 4 — *e*), naquit le 28 mai 1745 et succéda à son père dans plusieurs de ses charges. C'est ainsi qu'il fut conseiller du roi et son procureur dans la maîtrise des eaux et forêts de Niort, et en la Gruerie royale d'Aunay. Il fut aussi élu conseiller municipal de la ville de Niort en 1801 (6). Il avait épousé en 1778 N... Pastureau de Maurepas (7) dont il eut : — *a* — Jean-François-Gabriel qui suit ; — *b* — Anne-Marguerite-Joséphine, née le 29 juillet 1782, qualifiée de

---

(1) Les de la Perrière, écuyers sieurs de Roiffé, le Petit Bois, l'Etourneau, Maransaine, Lanney etc... portent : « D'argent à la fasce de sable surmontée de 3 têtes de léopard de même, languées de gueules et ayant chacune une couronne d'or à l'antique. »

(2) Les Chevallereau, sieurs de la Bouinière, la Guérinière, La Coudre, Chicheville, La Peau, La Chauverie, etc... portent : « De sinople à cinq burelles d'or et un cheval de sable brochant. » [Armorial de la Généralité de Poitiers — Beauchet-Filleau : Dictionnaire des familles dn Poitou.]

(3) Les de Sainte-Hermine, écuyers, sieurs de Tourton, Pont-Berton, La Fa, Sainte-Même, Saint-Simeux, La Laigne, Mérignac, Coullonges, La Barrière, etc... marquis de Sainte-Hermine ; portent « d'hermine » *alias* « D'argent semé de moucheture d'hermine. »

(4) Les du Chesne, écuyers, seigneurs de Veauvert, Saint-Léger, la Rochette, Bois-Joubert, La Godinière, Rulanc, Elbène, Boisrousset, Bois-de-Roche, Goize, la Michelière, Malaguet etc... firent leurs preuves pour l'ordre de Malte et furent confirmés dans leur noblesse par MM. de Colbert, Barentin, de Richebourg. Ils portent : « D'azur à trois glands d'or, 2 et 1. » [Beauchet Filleau : Dictionnaire des familles du Poitou.]

(5) Armand de la Porte ; p. 70.

(6) Cte Bonneau : Armorial des maires de Niort ; p. 147.

(7) Pour les armoiries des Pastureau, voir plus haut.

dame de Challié au commencement de 1792 (1). Elle épousa le 23 avril 1805 le comte Armand-Angélique de Beaucorps de la Bassetière (2), chevalier de Saint-Louis, et mourut sans enfant, le 24 octobre 1855, à Niort, instituant pour légataires ses neveux : l'amiral de Challié, la comtesse de Liniers et Madame du Deffant.

Par suite d'arrangements de famille, François-Gabriel avait acquis de son frère Pierre Hugueteau de Gaultret, sieur de Gaultret et de Saint Gouard, le château de Gaultret qu'il transmit à ses enfants.

En 1789, « François-Gabriel-Hugueteau de Challié, écuyer, procureur des eaux et forêts de Niort, fut convoqué à Poitiers pour les Etats Généraux, parmi les membres de l'ordre de la noblesse (3).

2° HUGUETEAU DE CHALLIÉ (JEAN-FRANÇOIS-GABRIEL), écuyer, naquit le 1er mars 1780. Le 18 janvier 1788, il fut parrain, à l'âge de 8 ans, de Françoise-Delphine Potier fille de François Potier, écuyer, sieur de la Vallée, et de Françoise Louise Hugueteau de Challié ; § IV — 4 — *n*. Dans l'acte de baptême il est dit « cousin germain de l'enfant » (4). Il fut sous-inspecteur des eaux et forêts à Parthenay et épousa à Bar-sur-Aube, le 17 janvier 1811, Françoise-Sophie de Fresne (5) fille de Jean-Innocent de Fresne (6), écuyer, sieur de la Tour-de-Chevillon, capitaine au régiment d'Artois, chevalier de Saint-Louis ; et de Magdeleine Géhier ; dont il eut : — *a* — Jean-François-Edouard qui suit ; — *b* — Anne-Clémence, née le 15 juin 1813, mariée en novembre 1839 à Marie-Alexis-Charles, comte de Liniers (7) et morte à Niort, le 29 janvier 1883. Son mari décéda

---

(1) Notes de M. G. Laurence.

(2) Les de Beaucorps, écuyers, sieurs Guillonville, Pruneville, La Bastière, l'Epineuil, Boisroux, Sigogne, Parençay, Le Fresne, Cherves, etc., barons de l'Isleau, marquis et comtes de Beaucorps, originaires de Bretagne, s'établirent en Beauce, Saintonge et Poitou. Le premier connu est Geoffroy de Beaucorps, l'un des combattants du fameux combat des Trente (1350). Ils portent : « D'azur à deux fasces d'or. » Auguste-Ferdinand de Beaucorps-Créquy, fut autorisé par décret royal du 11 octobre 1815 à joindre à ses nom et armes, le nom et les armes des Créquy, dont il était issu par son aïeule maternelle Anne-Madeleine de Milon de Mesme, née de Créquy. [D'Auriac : Armorial de la noblesse. — Chérin, 19. — Bibliothèque de Nantes ; mns 54777. — Beauchet-Filleau : Dictionnaires des familles du Poitou. — De Mailhol : Dictionnaire de la noblesse.]

(3) Armand de la Porte, p. 79.

(4) G. Laurence : Extrait des registres paroissiaux de Niort.

(5) Françoise-Sophie fit ses preuves devant d'Hozier le 23 mars 1790 et fut admise avec sa sœur Aline, mariée depuis à M. de Lavaquerie, au couvent de Saint-Cyr. [Original en parchemin, signé : Louis, et plus bas : d'Hozier. — Archives de Laguérenne.]

(6) Les de Fresne, écuyers, sieurs de la Tour-Chevillon, originaires de Piémont se fixèrent en Artois et en Champagne. Ils furent maintenus dans leur noblesse en 1667, par M. de Caumartin. L'un d'eux fut écuyer de main de Louis XVI ; un autre portait les éperons de Charles X au sacre. Ils portent : « D'argent au lion de sable et une bordure componée d'argent et de sable. » [Voir nos Recherches historiques, biographiques et généalogiques : Famille Gilbert du Deffant, p. 14.]

(7) Les de Liniers, sieurs de Brémond, Airvault, Amailloux, le Grand Breuil, La Vallée de Château-Musset, Saint-Pompain, La Carte, etc... comtes et marquis de Liniers, comtes de Buenos-Ayres et de Lealtad, portent : « D'argent à une fasce de gueules, et une bordure de sable chargée de 8 besans d'or. » L'un d'eux Henri de Liniers fit ses preuves en 1783 pour monter dans les carosses du roi. — Jacques-Antoine-Marie de Liniers fut le plus célèbre de cette famille. F. de Castellanos lui donne : « De plata y una faja de gules ; orla negra con ocho roeles de oro », mais il complète ainsi la description de l'écu : « Corona de Conde, Cruz de Malta. Soportes : Dos unicornios. El escudo acolado a cuarto banderas inglesas, la 1e y la 2e con la cruz de S. Jorge ; la 3e de gules con un yacht negro ; la 4e de gules con una cavalera negra. » — Il naquit à Niort le 6 février 1756 ; il fit partie de l'ordre de Malte, puis entra dans la marine espagnole. Il battit les Anglais près de Montevideo et s'empara de Buenos-Ayres le 12 août 1807 ; les Anglais perdaient 400 hommes, 1600 fusils, 26 canons et 4 obusiers. De Liniers fut nommé vice roi de Buenos-Ayres ; il repoussa une attaque anglaise le 1er juillet 1808 et, en deux mois, força les ennemis à évacuer Montevideo et tout le Rio de la Plata. Il fut alors nommé brigadier des armées du roi

au château de Gaultret le 21 mai 1892 ne laissant qu'une fille : Anne-Marie-Thérèse, veuve de Marie-Alban de Mascureau (1), chef de bataillon au 90e régiment d'infanterie, chevalier de la Légion d'honneur, titulaire de la médaille d'Italie ; — *c* — Jules-François-Hyacinthe, né en novembre 1816 eut pour parrain son oncle maternel Hyacinthe de Fresne, chevalier de Saint-Louis et de la Légion d'honneur. Il décéda sans alliance en 1854 ; — *d* — Denise-Alexandrine-Alix, née en octobre 1818 et mariée le 25 avril 1843 à Nicolas-Léon Gilbert du Deffant (2), receveur de l'enregistrement des domaines et du timbre, puis conservateur des hypothèques à Châteauroux (Indre) : d'où deux filles : Marguerite qui épousa, le 28 août 1866, A. Lanceplène sans postérité ; et Rosalie Valentine, mariée à Châteauroux, le 2 juillet 1872 à Augustin-Alfred Grozieux de Laguérenne (3).

Madame du Deffant mourut à Saint-Amand le 23 décembre 1894. L'Armorial Français (4) rendit compte de son décès dans les termes suivants :

« Le 23 décembre, Madame Denise-Alix Gilbert du Deffant, née Hugueteau de Challié décédait à Saint-Amand Montrond, âgée de 76 ans.

Elle avait épousé le 26 avril 1842, Léon Gilbert du Deffant, actuellement conservateur des Hypothèques en retraite, dont elle a eu deux filles : l'aînée Marguerite décédée sans laisser d'enfants d'Anatole Lanceplène ; la seconde, Valentine, mariée à Alfred Grozieux de Laguérenne, dont un fils : Henry.

---

d'Espagne ; mais Ferdinand VII, oublieux des services rendus, conféra à de Liniers le titre de comte de Buenos-Ayres et de Léaltad en envoyant un nouveau vice-roi : Balthazar de Cisneros. Ce dernier, très impopulaire, fut obligé d'abdiquer. De Liniers voulut, pour le compte du roi d'Espagne, reprendre Buenos-Ayres tombé aux mains des révolutionnaires, mais accablé par le nombre il fut vaincu pour la première fois et les révolutionnaires le firent fusiller le 26 août 1810 près le mont Papagello [D'Hozier. — Th. Courtaux : Généalogie de l'Esperonnière. — Beauchet-Filleau. — Preuves de Malte. — Hoeffer.]

(1) Les de Mascureau, écuyers, sieurs de Puymiraud, La Pescherie, Puyraveau, Les Vergnes, Meilhac, La Chapelle, La Nadalie ; marquis de Marconnay, portent : « D'azur à trois étoiles d'argent, 2 et 1 ; au chef fascé de huit fasces d'argent et de gueules. » *Al.* « D'argent à trois étoiles de gueules, 2 et 1 ; au chef fascé de six fasces d'argent et de gueules. » [D'Hozier.] Alban de Mascureau sortit de Saint-Cyr le 31 décembre 1858. Le 24 juillet 1870 il était capitaine au 3e Grenadiers de la Garde Impériale ; il était chef de bataillon quand il mourut au château de Gaultret le 27 août 1878, à 40 ans. Il avait fait les campagnes d'Afrique, d'Italie, du Mexique, et celle de 1870. (Défense de Paris.)

(2) Les Gilbert, sieurs du Deffant, des Outres, La Mouline, Lorbrie, les Rhodez, Fontenilles, etc. portaient : « D'or à la bande cannelée d'azur. » [Voir nos Recherches historiques, biographiques généalogiques : article Gilbert du Deffant.] — M. du Deffant est mort à Saint-Amand (Cher), le 24 septembre 1899.

(3) Cette famille possède plusieurs titres et aveux aux Archives Nationales. [J.J. ; 78, no 193 — O* ; 310, p. 105. — P. 462, p. 352 ; reg. 463, pp. 13 et 28 ; reg. 484, pp 34, 37, 41], aux Archives de l'Allier et aux Archives du Cher. Les Grozieux étaient écuyers, seigneurs de Pont-charrault, La Plaine, La Garde, Les Varennes, La Courtas, La Jaumont et La Guérenne, *al.* Laguérenne dont ils portent le nom depuis 1640 au moins. [Titres justificatifs produits devant les tribunaux de Montluçon (1822), Chambon (1860), Saint-Amand (1870), — acte de notoriété rendu à Chambon [1731]. — On trouve aux Archives Nationales des Lettres de rémission accordées en 1350 par Philippe VI de Valois à Pélerin Grosyeux, bourgeois de Dun-le-Roi. — Du mariage d'Alfred de Laguérenne et de Valentine du Deffant naquit à Saint-Amand, le 26 avril 1874, un fils unique : Augustin-Marie-Léon-Henry qui épousa à Châteauroux, le 8 janvier 1901, Germaine Létang, dont : — *a* — un fils né et mort le 12 octobre 1901, à Châteauroux ; — *b* — Augustine-Marie-Camille-Solange née à Saint-Amand le 3 mars 1903. [De Mailhol : Dictionnaire de la Noblesse. — Dom Bethencourt : Noms féodaux ; — La Chesnaye-des-Bois : article des Escures ; — Catherinot : Ecu d'alliance ; — Amb. Tardieu : Dictionnaire de la Haute-Marche ; — De Soultrait : Armorial du Bourbonnais ; — Bachelin-Deflorenne : Etat de la noblesse française ; — Moreau : Histoire de Néris ; — P. Moreau : Hist. de Dun-le-Roy ; — D. Cornillon : Le Bourbonnais sous la Révolution ; — Comtesse Dash : Mémoires des Autres ; — Rivista del Collegio Araldico (1903), etc.] Armoiries : « De sinople à trois lapins courant d'or, 2 et 1 ; au chef cousu d'azur chargé d'une lune d'argent. » C'est le blason actuellement porté par les membres de la branche de Laguérenne ; Catherinot donnait aux anciens Grosyeux [de Agraciaco] : « De sinople à trois têtes de taureau d'or : 2 et 1. »

(4) A. d'Audeville. [S. de Morthomier] ; l'Armorial Français, no 91, décembre 1894, p. 718.

La famille Gilbert du Deffant des environs de Melle et de Chef-Bouonne, s'est distinguée dans la magistrature et n'est plus représentée aujourd'hui que par le mari de la défunte, Mme Jules Failly, Mlle Clémence Gilbert du Deffant et Mme Henry Bauchet-Filleau. Armes : « D'or à la bande cannelée d'azur. »

Mme Gilbert du Deffant était fille de Jean-François-Gabriel Hugueteau de Challié, conservateur des Forêts, et de Françoise-Sophie de Fresne qui eurent pour enfants; 1° Jean-François-Edouard Hugueteau de Challié, contre-amiral, grand officier de la Légion d'honneur, etc., décédé le 26 avril 1881, laissant de Laure-Marie-Pierrette de Jussieu deux filles : l'ainée, Laurence épouse de M. Buffet colonel de cavalerie; la seconde Alphonsine, non mariee et peintre de talent ; 2° Anne-Clémence Hugueteau de Challié décédée le 29 janvier 1883, épouse d'Alexis-Charles, comte de Liniers ; 3° Jules-François-Hyacinthe décédé jeune ; 4° Denise-Alix, la défunte. Armes : D'azur au chevron d'or accompagné de trois cigognes de même, tenant leurs vigilances de sable, (alias d'or). La famille Hugueteau originaire de Saint-Jean d'Angély est venue s'établir à Niort avant 1558 et y a occupé les premières charges de la magistrature. Elle s'est divisée en deux branches : l'ainé, celle de Challié représentée par Mme Buffet et Mlle Alphonsine de Challié : la cadette, celle de Gaultret, est tombée en quenouille. »

Jean-François Gabriel Hugueteau de Challié avait été conseiller municipal de Niort en 1801 (1). En 1832, il était conservateur des eaux et forêts à Bourges ; fidèle à ses principes légitimistes, il rejoignit la duchesse de Berry quand cette princesse vint en Vendée et pour ce fait fut révoqué. Il mourut le 9 novembre 1840.

3° HUGUETEAU DE CHALLIÉ (JEAN-FRANÇOIS-EDOUARD) (2) naquit à Bar-sur-Aube le 16 mars 1812. Voici quels sont ses états de service (3) : Elève de l'Ecole navale le 12 octobre 1828 ; aspirant de 1re classe le 12 juillet 1830 ; enseigne de vaisseau le 6 mars 1833 ; lieutenant de vaisseau le 9 septembre 1840 ; chevalier de la Légion d'honneur le 28 avril 1844 ; officier le 7 septembre 1850 ; capitaine de frégate le 2 août 1851 ; capitaine de vaisseau le 7 novembre 1858 ; commandeur de la Légion d'honneur le 23 décembre 1865 ; contre-amiral le 24 mai 1869 ; grand officier de la Légion d'honneur le 6 juin 1871 ; admis dans la 2e section du cadre de l'Etat-major de l'armée navale le 16 mars 1874 ; admis à la retraite par décision du 3 mai 1879. — Commandements : Un paquebot de 1841 à 1845. Le Mirmidon de 1845 à 1848. Le Newton de 1853 à 1856. La Foudre de 1861 à 1862. L'Audacieuse et l'Impétueuse de 1863 à 1865. La Minerve et la Division des côtes Orientales d'Afrique de 1866 à 1868. L'escadre en sous-ordre de 1871 à 1873.

Il fut délégué du Ministère à Paris, du 21 février au 6 mars 1871. L'amiral de Challié comptait 46 ans 4 mois 6 jours de services effectifs, dont 30 ans, 8 mois, 20 jours à la mer. Il était grand-officier de la Légion d'honneur : Grand-Croix de l'Ordre du Saint Sépulcre : Grand-Croix du Nicham-Iftikar : commandeur de l'Ordre de François-Joseph d'Autriche ; commandeur de l'Ordre du Christ du Portugal : commandeur de l'Ordre de la Tour et de l'Epée de Portugal : décoré des médailles d'Italie et du Mexique.

En 1854, M. de Challié qui était alors capitaine de frégate et commandait « Le Newton » fut chargé par le gouvernement d'aller attendre, dans les eaux de Lisbonne, la reine Marie-Christine de Bourbon, exilée d'Espagne à la suite d'une insurrection. Il s'acquitta de cette délicate mission avec un tact qui lui valut des

---

(1) Cte Bonneau : Armorial des maires de Niort, p. 147.

(2) Voir Bachelin-Deflorenne : Etat présent de la noblesse française (1866), p. 568.

(3) Nous possédons dans nos archives un certificat du ministre de la marine en date du 20 octobre 1903 [enregistrement no 25] relatant ces états de service de l'amiral de Challié. Ce document nous a été transmis par M. E. Pellerin, sous-chef de bureau au ministère, à l'obligeance et à l'amabilité de qui nous sommes heureux de rendre hommage.

éloges du gouvernement impérial et une grande considération de la part de la Reine, avec laquelle il eut l'honneur de rester en relations. Avant de quitter le pont du Newton, Sa Majesté, en témoignage de gratitude, offrit à M. de Challié son coffret à bijoux.

En 1871, pendant la guerre contre l'Allemagne, l'amiral de Challié commanda à Paris le secteur des Gobelins (1). Enfin, il fut nommé président d'honneur de la Société des sauveteurs bretons.

Il avait épousé, le 24 novembre 1843, Laure-Marie-Pierrette de Jussieu (2), (fille de Laurent Pierre de Jussieu (3), secrétaire général de la préfecture de la Seine, député du deuxième arrondissement, député de Paris, membre du Conseil d'Etat, chevalier de la Légion d'honneur ; — et de N.. Lhuillier) qui mourut à Paris le 15 mars 1874 laissant deux filles : — *a* – Laurence, qui épousa à Paris, le 6 mars 1879, Alphée Buffet, colonel de chasseurs, officier de la Légion d'honneur, chevalier de Saint-Grégoire-le-Grand, etc., dont elle eut deux enfants : Jean, peintre de talent (4), et Gabrielle — *b* — Alphonsine, célibataire, qui décéda à Paris le 28 décembre 1902. Elle a laissé des tableaux estimés, exposa très souvent au Salon, et obtint des médailles et récompenses dans diverses expositions de peinture.

L'amiral Hugueteau de Challié mourut à Paris, le 26 avril 1881. Dans l'un des divers journaux qui relatèrent son décès, nous relevons la nécrologie suivante :

« On a enterré hier l'amiral Hugueteau de Challié qui, pendant le siège, fut commandant du 7e secteur. Le service a eu lieu dans l'église de Notre-Dame-de-Grâce de Passy. L'inhumation a eu lieu à La Celle-Saint-Cloud. Ce fut l'amiral de Challié, qui, au commencement de la Commune conduisit dans Paris la première manifestation pacifique. Il assistait à la seconde qui fut reçue à coups de fusils, rue de la Paix... »

§ VI

Branche de Gaultret et de Saint-Gouard (5)

1° HUGUETEAU DE GAULTRET (Pierre) écuyer, sieur de Gaultret et de Saint-Gouard, avocat, conseiller du roi en la sénéchaussée de Poitou au siège royal de Niort, (§ IV — 4 — j) naquit le 16 octobre 1752, et mourut juge-sup-

---

(1) Voir général baron Ambert : Récits militaires. — Commandant Rousset : La guerre de 1870. — Dick de Lonlay : Français et Allemands, etc.

(2) Les de Jussieu, originaires de Lyon, ont fourni plusieurs secrétaires du roy et plusieurs membres de l'Académie des sciences, un directeur général de la police au ministère de l'intérieur, des diplomates, des consuls, des écrivains de talent, etc... Les plus illustres d'entre eux furent Bernard et Laurent-Antoine de Jussieu, les fameux botanistes. Ils portent : « Vairé d'argent et de gueules, au chef d'azur, chargé d'un soleil d'argent. » (De Mailhol : Dictionnaire de la noblesse. — Arnault, Jay, Jouy et Norvins : Biographie nouvelle des Contemporains. — Rabbe, Vieilh de Boisjolin, Sainte-Preuve : Biographie universelle et portraits des contemporains. — Quérard : La France littéraire. — Docteur Hœffer : Nouvelle biographie générale, etc.)

(3) Laurent-Pierre de Jussieu est l'auteur du fameux livre : « Simon de Nantua » qui fut traduit en sept langues différentes.

(4) Le Soleil du 28 juillet 1903 citait, en ces termes, M. Jean Buffet : « Dans sa séance d'hier, présidée par M. Gérôme, ancien président, l'Académie des Beaux-Arts a rendu son jugement sur le concours pour le prix Troyon (paysage) dont le sujet était : Un orage éclatant sur un troupeau dans un champ. — Le prix de la valeur de 1.200 francs a été attribué à M. A. Planzeau. Trois mentions ont en outre été accordées, la première à M. J. Patisson ; la seconde à M. H. Brémond, et la troisième à M. Buffet-Challié. »

(5) La branche de la famille Hugueteau « qui habitait au château de Saint-Gouard, près Ardin, canton de Coulonges-sur-l'Autise est tombée en quenouille, et les héritiers ont vendu ce château. » (Note communiquée par M. Léo Desaivre le 4 novembre 1903. — Voir la notice sur le château de Saint-Goard *al.* Saint-Gouard publiée par M. Desaivre, dans le « Mercure Poitevin » de 1901.

pléant au tribunal civil de Niort, en juin 1811. La liste alphabétique des maires et des échevins de cette ville porte (1) : « Hugueteau de Gaultret (Pierre) notable en 1795-1796. »

Il avait épousé, le 20 février 1781, Ursule-Louise-Joséphine Busseau (fille de N... Busseau (2) capitaine d'une compagnie de garde-côtes d'Aunis ; et de N... Mathé) dont il eut : — *a* — Pierre, qui suit ; — *b* — Jean-Pascal, auteur de la seconde branche de Gaultret, § VII.

2° HUGUETEAU DE GAULTRET (PIERRE), sieur de Saint-Gouard, né le 23 décembre 1781, épousa en février 1814 Marie-Pauline Crosnier (3) dont il eut : Louise-Isaure, née le 6 février 1819 et mariée en 1848 à N... du Authier de Lambertye (4), employé dans les contributions directes.

§ VII

Seconde branche de Gaultret

1° HUGUETEAU DE GAULTRET (JEAN-PASCAL) (§ VII — 1 — *b*), naquit le 7 avril 1787. Il fut d'abord procureur du roi à Rochefort, puis ensuite conseiller à la cour royale de Poitiers. Il avait épousé Jeanne-Eulalie-Estelle Durant de la Pastellière (fille de Charles-Mathias Durant de la Pastellière (5), mousquetaire de la garde du roi, ayant rang de capitaine d'infanterie ; — et de Jeanne-Louise-Eulalie Aubineau d'Insay (6) qui décéda à Poitiers le 3 septembre 1878 laissant : — *a* — Jeanne-Marie-Louise-Eulalie, née en 1826, qui épousa à Poitiers le 16 novembre Jean-René-Léopold, comte de Ferré de Péroux (7) ; — *b* — Louise-Marie-Charlotte-Marguerite, née en 1829 et décédée célibataire à Poitiers le 20 novembre 1891.

---

(1) Aff. Bonneau : Armorial des maires de Niort ; p. 147.

(2) Guillaume Busseau, de la paroisse de Nuaillé porte : « Fascé d'argent et de sable de six pièces ». [Armorial de la Généralité de France — La Rochelle.] On trouve également N. Busseau commissaire de la marine : « D'argent à une ancre de sable. » [Armorial de la Généralité de Rennes] et N. Busseau, docteur en médecine à Poitiers : « D'azur à un chef d'or chargé de trois hirondelles de sable. » [Armorial de la Généralité de Poitiers.]

(3) Les Crosnier était seigneurs des Ajots.

(4) Les du Authier portent : « De gueules, à la bande d'argent, accompagnée en chef d'un lion d'or, et en pointe de trois vannets de même. » — Les de Lambertye portent : « D'azur à deux chevrons d'or. » D. de Mailhol : Dictionnaire de la noblesse ; p. p. 315 et 1661. Madame du Authier de Lambertye, née Hugueteau de Gaultret, mourut à Levallois-Perret le 12 avril 1885, laissant deux fils : Gabriel et Fernand.

(5) Les Durant de la Pastellière, écuyers, sieurs de la Pastellière et la Sablonnière, portent : « D'argent au chevron d'azur accompagné de trois grenades de gueules tigées et feuillées de sinople. » [Beauchet-Filleau : Dictionnaire des familles de Poitou — De Mailhol : Dictionnaire de la noblesse.] Abel-Louis-Charles-Dieudonné Durant de la Pastellière a, vers le milieu du XIXe siècle, relevé le titre de comte de Neuilly tombé en quenouille, après la mort de son aïeul maternel Ange-Achille-Charles Brunet, comte de Neuilly. [Voir H. de Laguérenne : Une lettre du comte Brunet de Neuilly.]

(6) Les Aubineau d'Insay, écuyers, sieurs d'Insay, La Sigogne, La Roche, La Beugnon, La Mornière, portent : « D'azur à deux fasces ondées d'argent et une bine ou binet d'or posée en abime. » [Beauchet-Filleau : Dictionnaire des familles de Poitou.]

(7) Les de Ferré, écuyers et chevaliers, sieurs de la Bouleur, Chaleur, Champiniers, Péroux, La Font, la Grange..., comtes de Péroux, portent : « De gueules à trois fleurs de lys d'or, 2 et 1, à la cotice de même (*al.* d'argent) en bande. » [Nobil. Limousin. — De Sauzay. — Beauchet-Filleau.] Du mariage de Léopold de Ferré et d'Eulalie Hugueteau de Gaultret naquirent : 1° Jean-René en 1852, décédé au berceau ; 2° Marguerite-Jeanne-Radegonde-Sophie-Marie qui épousa en 1875 Eugénie-Jean-Julien Genty, comte de la Borderie, d'où postérité ; 3° Gabriel-Etienne, marié en 1885, à Marie-Edmée de Surineau, dont une fille et un fils ; et remarié en 1900 à Jeanne de Commaille.

§ VIII
Branche de la Pivardière

1° HUGUETEAU (PIERRE), écuyer, sieur de la Pivardière (§ III — 4 — i) naquit le 8 octobre 1637. Il est nommé dans le testament de son père en date du 12 septembre 1647 (1). Il assista le 27 juillet 1650 au mariage de son frère Gabriel. En 1657, il était étudiant à Bordeaux comme le prouve « la nomination de Laurent Chebrou comme curateur de Pierre Hugueteau, ecolier, étudiant en la ville de Bordeaux, mineur (2) ». Avocat, conseiller du roi au siège royal (3), il fut nommé pair de la ville de Niort le 31 décembre 1664, receveur des deniers patrimoniaux en 1665, procureur du roi en l'Hôtel-de-Ville, de juin 1666 à 1673. Le 31 mars de cette dernière année il assista, au nombre des pairs, à l'assemblée générale de la commune de Niort « tenue sur ce que M. le marquis de Louvois leur reprochait d'emposcher les levées de dimes en laditte ville (4) ».

Il épousa le 12 janvier 1660 Théodore Bonneau de la Garette (fille de Pierre Bonneau (5), sieur de la Garette et des Iles, procureur du roi, maire et échevin de Niort ; — et d'Antoinette Dabillon) dont il eut : — *a* — Pierre qui suit ; — *b* — François Gabriel né le 31 octobre 1663, décédé célibataire ; — *c* — Théodora née le 2 décembre 1666, encore vivante en 1677 ; — *d* — Jean né le 29 décembre 1669, mort le 26 août 1671 ; — *e* — Pierre né le 3 juillet 1671, décédé le 17 août 1671 ; — *f* — Catherine, dame de la Pivardière, née le 29 septembre 1673, mariée le 24 février 1707 à Jacques de Veillechèze (6), écuyer, sieur de Tiffornières, garde du corps du roi ; — *g* — Pierre, sieur de la Martinière, né le 8 mai 1675, fut prêtre de Notre-Dame en 1700, vicaire de 1701 à 1709, vicaire-gérant de Fontenay en 1722, curé de Notre-Dame de Fontenay-le-Comte en 1726. Il dut néanmoins quitter Fontenay pendant un certain temps, quitte à y revenir ensuite, car on trouve aux Archives des Deux-Sèvres, à la date de 1719, l'acte de constitution de rente « faite par demoizelle Françoise Hugueteau, veuve de sieur Anthoine Parenteau, marchand, demeurant au bourg de Sainte-Gemme près Luçon en Bas Poitou, estant à présent en cette ville (de La Rochelle) logée au logis qui a pour enseigne : Les Trois chandeliers (paroisse de Notre-Dame), au profit de maître Pierre Hugueteau de la Martinière, son oncle, licencié en théologie, ci-devant curé de N.-D. de Fontenay, et à présent chanoine de l'église

---

(1) Bibliothèque Nationale : Collection Chérin.

(2) Archives des Deux-Sèvres : E^{s} ; 708. Laurent Chebrou, sieur de la Brosse, procureur de la commune de Niort, maire et capitaine de cette ville, était, par alliance, le cousin-germain de son pupille ; car il avait épousé Renée Couprie (fille de Pierre Couprie, sieur des Hayes ; et de Catherine Hugueteau] Les Chebron, sieurs de la Brosse, Le Petit Château, La Roulière, Lespinatz, portent : « D'azur au cerf grimpant d'argent. »

(3) Comte A. Bonneau : Armorial des maires de Niort, p. 100.

(4) Bibliothèque Nationale : Collection Chérin.

(5) Les Bonneau, *al.* Bonnault, écuyers, sieurs de Beauregard, La Garette, Les Iles ; Le Chesne, Le Colombier, La Touche, Sainte-Catherine, Langevinerie, etc..., portent : « D'azur, au chevron d'or, accompagné en chef de deux étoiles de même et en pointe d'une fontaine d'argent avec un jet d'eau de même, » *alias* : « d'azur au chevron d'or, accompagné en chef de trois étoiles d'argent et en pointe d'un croissant de même. » [Armorial du Poitou — Beauchet-Filleau — Armorial des maires de Niort.] L'un des descendants de la branche de Langevinerie reçut le 4 février 1881 un titre héréditaire de comte romain par bref du pape Léon XIII.

(6) Les de Veillechèze, écuyers, sieurs des Essarts, La Morlière, La Mardière, Laleu, La Renollerie, Tiffornières, Le Bizon, Vergezay, portent : « D'azur à trois bandes d'or enflammées de gueules. » [Armorial de la Généralité de Poitiers. — Beauchet-Filleau.]

cathédrale de La Rochelle, y demeurant (1) » ; — *h* — Marie-Anne, née le 31 janvier 1677, mariée le 1er février 1707 à Pierre Vaslet (2), sieur du Breuil, avocat, et décédée le 24 septembre 1729.

Pierre Hugueteau de la Pivardière décéda le 5 mars 1687. Il avait la qualification de messire d'après une grosse notariée du 12 janvier 1675 (3).

2° HUGUETEAU (Pierre), sieur de la Repoussonnière, naquit le 19 juin 1662. Il fut avocat au siége-royal de Fontenay-le-Comte, conseiller du roi et son procureur près l'Echevinage en cette ville, puis juge-sénéchal de Champdeniers ; on l'inscrivit à l'Armorial général de France avec les armes suivantes : « Palé d'argent et de gueules de six pièces », le 26 novembre 1700 (4). Pendant qu'il était sénéchal de Champdeniers, il écrivit sur cette localité un journal de famille assez curieux, dont un passage a été reproduit par Benjamin Fillon, dans ses « Recherches sur Fontenay ».

En 1704 et en 1726, le siége-royal de Niort rendit différentes sentences au profit de Pierre Hugueteau, sieur de la Repoussonnière, conseiller du roi et son procureur en la ville et communauté de Fontenay-le-Comte, contre Eicha.., Rivollet, marchand et autres, au sujet d'une rente dûe au dit Hugueteau (5). Enfin, en 1733, fut transcrit un titre nouveau de la rente dûe à messire Pierre Hugueteau, sieur de la Repoussonnière, ancien juge-sénéchal de Champdeniers, par Marguerite Martin, veuve de Charles Rivollet sieur de la Guinaudière, marchand, etc... (6).

Il avait épousé, le 24 juillet 1686, Renée Thibault de Champmignon (fille de Pierre Thibault, sieur de Champmignon, notaire royal, pair et bourgeois de Niort et de Renée Bigot) dont il eut : — *a* — Pierre qui entra dans les ordres, fut nommé curé de Saint-Denis-sous-Champdeniers, en septembre 1723 (7), et y mourut en 1756. Voici son acte d'inhumation : « Le 5 juillet 1756 a été inhumé dans l'église de ce lieu le corps de messire Pierre Hugueteau, prêtre-curé de cette paroisse de Saint-Deny-sous-Champdeniers, âgé de soixante et quatre ans ou environ, en présence de Messieurs les curés soussignés » : Suivent les signatures de sept curés des environs) (8). — *b* — Jacques-Jules, sieur de la Pinaudière, qui

---

(1) Archives des Deux-Sèvres : E5 712.

(2) Les Vaslet, sieurs du Breuil, La Chateaudière, La Pinaudière, etc... portent : « D'azur au chevron d'or accompagné en chef de 2 étoiles de même, et en pointe d'un chien passant d'argent, la tête contournée, tenant en sa gueule un flambeau allumé de gueules. » Pierre Vaslet du Breuil eut 4 enfants : une fille et 3 fils dont deux moururent célibataires, le troisième se maria mais n'eut pas d'enfant.

(3) Archives de la famille Hugueteau de Chaillé communiquées par le colonel A. Buffet.

(4) Armorial de la Généralité de Poitiers : élection de Fontenay. — Ed. Passier, I ; p. 120, no 296.

(5) Archives des Deux-Sèvres : E5, 711.

(6) Archives des Deux-Sèvres : E5, 711.

(7) On trouve aux Archives de la mairie de Saint-Denis, dans les registres paroissiaux de 1723, 1724, 1725 et 1726 reliés ensemble, l'acte suivant : «..... auxquels registres se trouve jointe une seule feuille de papier timbré servant de registre de l'année 1723 que moy, Pierre Hugueteau, ay trouvée dans le presbytère de ma cure de Saint-Denis au commencement du mois de septembre de l'année 1723 que j'en ay pris pocession naturelle en exécution de bon jugement contradictoire que j'ay obtenu à Poitiers quelques jours au-paravent contre M. Cornelier, mon compétiteur dudit bénéfice et laquelle dite feuille j'ay jointe aux dits registres après avoir croisé le quatrième feuillet verso comme nayant point esté remply en foy de quoy je me suis soussigné. — Hugueteau curé de Saint-Denis. »

(8) Archives de la mairie de Saint-Denis : notes communiquées le 3 novembre, 1903 par Monsieur A. Thomazeau, secrétaire de la mairie.

se fit prêtre également et fut curé de Marsais-Sainte-Radegonde, près de Fontenay, ainsi que le prouve une sentence du siège royal de Niort au profit de maître Jacques-Jules Hugueteau, prêtre, curé de Marsay, fils de Pierre Hugueteau sieur de la Repoussonnière, contre Catherine Lambert, Marie-Joseph Tain, étudiant en droit, au sujet de 12 années d'arrerages de rentes dûs au dit Hugueteau en 1758 (1). Il y mourut. Voici son acte de sépulture : « Aujourd'huy dix février mil sept cent soixante a été enterré au cimetière de cette paroisse le corps de messire Jacques-Jules Hugueteau, prêtre curé de Saint-Pierre de Marsais, âgé d'environ 66 ans ; ont assistés (*sic*) à la sépulture : Madame Hugueteau sa sœur, MM. les curés et prieurs de Toüarsais, Bourneau, Saint-Laurent, Saint-Cyr, Lhermenault, Saint-Martin-des-Fontaines, Saint-Sulpice, Sezais, Sainte-Radegonde la-Vineuse qui se sont soussignés (2) ». — *c* — Françoise-Catherine qui épousa Antoine Parenteau (3), sieur du Pairé, dont postérité. En 1719 elle était veuve et demeurait à la Rochelle (4).

Pierre Hugueteau de la Repoussonnière mourut en 1739 à Saint-Denis, près Champdeniers, où il s'était retiré près de son fils ; et il y fut enterré le 2 mai (5). Il léguait, par testament fait à Champdeniers le 23 août 1735, la pleine propriété de ses œuvres, tant imprimés que manuscrits, à sa fille et à ses descendants mâles. Dans la liste des manuscrits figurent : « Commentaires sur la coutûme du Poitou et sur la Jurisprudence française. — Réflexions sur les mœurs du siècle, la belle littérature, la pitié chrétienne. — Projets sur plusieurs réglements à faire dans le royaume, etc .. » On ne paraît plus avoir de lui aujourd'hui qu'un « Journal de famille (1685-1728) » dont Benjamin Fillon a cité des extraits (6).

---

(1) Archives des Deux-Sèvres : E⁵ 711.

(2) Chose bizarre, il n'y a aucune signature. Extrait des registres paroissiaux de Marsais Sainte-Radegonde, communiqués par M. l'abbé E. Fièvre.

(3) Les Parenteau, écuyers, sieurs de Saint-Marcou, Pairé, Le Beugnon, Saint-Maisens etc..., portent : « D'or à une fasce d'azur chargée de trois besans d'or. » [Le brevet original de ces armoiries signé par Charles d'Hozier et délivré à Joachim Parenteau, se trouve dans les pièces originales 2197, cote 49691, nº 8.] On trouve également : « D'argent à deux fasces de gueules frettées d'or. » [Armorial de la Généralité de Poitiers. — Pièces originales 2197, cote 49691. — Dossiers bleus 511, cote 13239.]

(4) Archives des Deux-Sèvres : E⁵ 712.

(5) Léo Desaivre : Histoire de Champdeniers.

(6) Benjamin Fillon : Recherches sur Fontenay I ; p. 315 — René Moreau, curé de N.-D. de Fontenay : 2e édition, p. 45.

LISTE

des divers ouvrages manuscrits ou imprimés consultés et utilisés pour la rédaction de cette notice généalogique

---

A

MANUSCRITS

(1) Bibliothèque nationale : Collection Chérin ; 108, cote 2239.
(2) Arch. des Deux-Sèvres : B et E.
(3) Arch. de la Charente-Inférieure : E.
(4) Bibliothèque de La Rochelle : Collection A. Bouyer ; 634, f° 2.
(5) Bibliothèque de Poitiers : Collection de Dom Fonteneau : T. LXXXIV ; f° 64, 65.
(6) Archives du ministère de la marine : (Extrait n° 25).
(7) Arch. des mairies de Niort, Fontenay-le-Comte, Poitiers, Paris, Bar-sur-Aube, Chateauroux, Saint-Amand, Vallans, Saint-Denis-près-Champdeniers, etc...
(8) Registres paroissiaux de Niort, La Rochelle, Saint-Denis, Vallans, Marsais, Fontenay, etc...
(9) Parchemins provenant des archives de la famille Hugueteau de Challié, communiqués par M. le colonel Al. Buffet.
(10) Généalogie manuscrite du XVIIIe siècle, conservée dans nos archives.
(11) Notes communiquées par M. Th. Courtaux, directeur de l'Historiographe ; 93, rue Nollet, Paris.
(12) G. Laurence : Notes extraits des registres paroissiaux de Niort.
(13) D'Hozier : Armorial Général de France.
(14) Notes provenant du cabinet historique et généalogique de M. Paul Beauchet-Filleau à Chef-Boutonne (Deux-Sèvres).
(15) Notes communiquées par M. Léo Desaivre.

B

IMPRIMÉS

(1) Dictionnaire historique et généalogique des familles de l'Ancien Poitou, par feu M. H. Filleau, ancien conseiller à la Cour royale de Poitiers, chevalier de la Légion d'honneur, etc..., ouvrage publié par son petit-fils M. H. Beauchet-Filleau ; avec la collaboration de M. de Chergé, inspecteur des monuments historiques du département de la Vienne : Poitiers : Saurin frères, éd. ; 1841.
(2) Passier : Armorial de la généralité de Poitiers.
(3) Nobiliaire du diocèse et de la généralité de Limoges, par l'abbé Joseph Nadaud ; publié par l'abbé A. Leclerc : Limoges, 1863.
(4) Comte A. Bonneau : Armorial des maires de Niort : Clouzot, éd. ; 1866.
(5) Catalogue général des manuscrits des Bibliothèques publiques de France : La Rochelle ; — Poitiers.
(6) Armand de la Porte : Armorial de la noblesse du Poitou convoquée pour les Etats-généraux en 1789 : — Poitiers, in-8 ; 1874.
(7) Carré de Busserolle : Catalogue général. Preuves de noblesse et armoiries des familles du Poitou : — Tours, in-8 ; 1887.
(8) Bachelin-Deflorenne : Etat présent de la noblesse française (1866).

(9) Amb. Tardieu : Dictionnaire des anciennes familles de la Haute-Marche (article Grozieux de Laguérenne).
(10) A. d'Audeville : L'armorial français, (décembre 1894).
(11) Commandant Rousset : La guerre de 1870.
(12) Général baron Ambert : Récits militaires.
(13) R. Albert : Armoiries Vendéennes. Répertoire des nobles et anoblis du Bas-Poitou ; Nantes, in-8° ; 1889.
(14) Benjamin Fillon : René Moreau, curé de Notre-Dame de Fontenay ; 2e éd. ; p. 45.
(15) Benjamin Fillon : Recherches sur Fontenay ; I, p. 315.
(16) Léo Desaivre : Histoire de Champdeniers : Niort ; L. Clouzot, imp. ; 1893.
(17) Léo Desaivre : Notice sur le château de Saint-Goard.
(18) H. de Laguérenne : Recherches historiques, biographiques et généalogiques : Les Gilbert du Deffant. — Pivoteau, imp. ; Saint-Amand ; 1903.
(19) Dictionnaire historiques et généalogique des familles du Poitou ; par MM. Beauchet-Filleau et de Gouttepagnon ; 2e éd., Poitiers : Oudin, imp. (En cours de publication).

Châteauroux, ce 15 novembre, 1903.

Saint-Amand (Cher). — Imp. Em. Pivoteau et Fils

www.ingramcontent.com/pod-product-compliance
Lightning Source LLC
LaVergne TN
LVHW052018160826
845678LV00003B/1092
* 9 7 8 2 3 2 9 6 4 0 0 4 4 *